할아버지와
식탁 벨

# 할아버지와
# 식탁 벨

김현규 지음

## 추천사

친구 김현규 목사가 칼럼 집을 펴냈다. 그의 글을 하나 둘 읽다보니 책을 손에서 내려놓기가 어렵다. 친구의 글에 대한 애정 때문이기도 하지만 글 자체만으로도 사람의 마음을 끄는 이 있다. 페이지를 넘길 때마다 학창시절부터 보아온 그의 성실함과 반듯함이 감동을 준다.

이 글은 영적 아비인 목회자가 이 마지막 시대에 사랑하는 성도들을 그리스도의 순결한 신부로 단장하고자 하는 마음이 담겨있는 글이다. 역사 속에 일어난 사건들과 어제 오늘 사람과 사람 사이에 일어난 일들 속에서 성도가 지녀야할 핵심가치를 선명하게 해주는 소중한 내용들로 가득 차 있다. 모든 성도가 편안한 마음으로 읽을 수 있는 글이지만 읽는 이들로 하여금 편안함에만 머물지 않고 더욱 성숙한 성도의 삶으로 나아가게 하는 힘이 있다.

한국의 탁월한 설교자 가운데 한 분은 설교원고 작성 중에 설교메시지를 도울 예화를 찾기 위해 책방 온 구석을 뒤져 찾았다는 말이 기억난다. 설교예화는 집의 창문에 비유되듯이 예화를 통해 성경에서 발견한 메시지를 더욱더 선명하게 해준다. 엄청나게 쏟아져 나오는 정보의 홍수시대에 그리스도인 모두가 놓치지 말아야 할 소중한 깨달음을 주는 귀한 책이므로 성도는 물론 목회자들에게도 온 마음으로 일독을 권하고 싶다.

**남우택** 목사 (대양주 총회장, 뉴질랜드 오클랜드 한우리교회 담임목사)

## 추천사

하나님 앞에서 성실하게 목회하고 있는 사랑하는 친구 목사님의 목회칼럼 출간을 진심으로 축하드립니다. 42년 전 신학교 다닐 때 신학교 동기였던 김현규 목사님을 생각하면 몇 가지 기억나는 것이 있습니다.

미래 목회를 준비하기 위해 늘 손에 책을 놓지 않고 열심히 신학을 공부하던 모습입니다. 가난의 어려움 가운데서도 언제나 얼굴에는 주님이 주시는 웃음을 잃지 않았습니다. 또한 주님을 향한 분명한 Vision과 복음의 열정을 가지고 말씀과 기도로 자신을 훈련하던 모습입니다. 그 후 주의 종의 길을 묵묵히 걸으면서 앎보다 삶으로 보여 지는 신실한 목회를 통해서 주변 많은 분들에게 칭찬을 받는 귀한 목사님입니다.

그 동안 성실하게 목양하면서 교인들과 함께 은혜를 나누었던 칼럼들을 모아서 좋은 책을 출간하게 되었습니다. 피부로 느껴지고 공감하고 신앙생활에 유익을 주는 믿음의 글들입니다. 글을 읽어 가다보면 김현규 목사님은 감을 나누는 목회자인 것 같습니다.

이 책을 통해서 하나님이 주시는 감동과 감격, 감흥 그리고 감사를 나누는 하나님의 은혜가 넘쳐날 것입니다. 앞으로 목사님을 통하여 하나님을 기쁘시게 해 드리는 일들이 더욱 많아지기를 기도드립니다.

**강창헌** 목사 (부산극동방송 지사장)

## 추천사

2003년 11월 30일 신출내기 전도사로 첫 사역을 시작하여 지금까지 담임목사님과 함께 교회를 섬기고 있습니다. 목회자는 어떠해야 하는지 몸소 보여주시고 사랑으로 이끌어 주셔서 이 자리에 있게 되었습니다. 목사님, 감사합니다. 그리고 책 출간을 진심으로 축하드립니다.

외할머니와 어머니로부터 배운 신앙의 가르침 중 하나는 담임목사님을 영적인 부모님과 같이 모셔야 한다는 것입니다. 이 책에는 영적인 부모님과 같은 담임목사님의 교우들을 향한 따뜻하고도 깊은 사랑이 담겨 있습니다. 한편 한편의 목회칼럼은 신앙의 가치를 담은 짧은 글이지만, 긴 여운을 줍니다. 쉬운 글이지만, 신앙의 성장을 이끌어주는 소중한 교훈이 들어 있습니다. 곁에 두고 조금씩, 천천히 읽기를 추천합니다.

**강용찬** 목사 (부암제일교회 부목사)

## 서문

　목사의 주 임무 중 하나는 설교입니다. 설교에 최선을 다하려 노력했습니다. 그러다보니 적절한 예화자료를 찾아 적잖이 헤맸습니다. 밭에 감춰진 보화 같은 것을 찾아내면 큰 기쁨이었습니다. 그걸 설교뿐만 아니라 주보에 칼럼으로 공유하였습니다. 한편으로는 교회행사가 다가오면 교우들의 마음을 모으려 애썼습니다. 그 때 주보칼럼은 유력한 공간이었습니다. 이런 연유로 대상이 우리교회 교우들입니다. 칼럼의 소재나 아이디어는 책이나 다른 분들의 설교를 통해 얻었습니다. 출처를 밝혀두었지만 기억나지 않은 소재도 있습니다. 이야기의 전개는 기록할 당시 현재임을 밝혀둡니다.

　주보의 칼럼공간을 매주 채워야 한다는 것은 적잖은 부담이기도 했습니다. 그 부담을 15년 쯤 느낀 것 같습니다. 그 무게는 지금도 가벼워지지 않고 여전합니다. 그럼에도 칼럼공간을 유지하는 것은 유익이 더 크기 때문입니다. 더군다나 여러 사람들과 공유할 수 있는 책으로 세상에 나올 수 있으니 부담을 넘어 축복입니다.

감사해야 할 분들이 있습니다. 20년 가까이 함께한 우리 부암제일교회 교우들이 그 첫 번째입니다. 이 책으로 인한 박수가 조금이라도 있다면 그 분들이 받아야 마땅합니다. 그냥 인사치레로 하는 말이 아닙니다. 정말입니다. 함께 사역하는 교역자들도 감사를 받아야 할 분들입니다. 부족한 저에게 관심과 사랑을 주신 국내외의 모든 분들께도 감사를 드립니다. 영문 출판사에게도 감사를 드립니다. 마지막으로 사랑하는 아내와 가족들에게도 감사를 전합니다. 누구보다 좋으신 하나님께 감사드립니다.

2018년 10월

**김현규** 목사

# 목차

**추천사** | **남우택** 목사(대양주 총회장, 뉴질랜드 오클랜드 한우리교회 담임목사) …… 4
　　　　 **강창헌** 목사(부산극동방송 지사장) …… 5
　　　　 **강용찬** 목사(부암제일교회 부목사) …… 6
**서문** | …… 7


## 1부　목사님을 한번 용서합시다 (용서와 은혜) • 12

- 목사님을 한번 용서합시다 • 모두 갓끈을 끊어라 • 책 10권을 읽어주세요
- 그 분이 남긴 감사봉투 • 효는 흉내라도 아름답다 • 효남이와 금시계
- 여행객과 쿠키 • 부메랑 • 외아들의 죽음과 선처 • 한 여선교사의 죽음


## 2부　아홉 살 낙서범 (감동과 감격) • 34

- 아홉 살 낙서범 • 기계를 끌어안고 밤을 새우다 • 한 아이가 싼 오줌
- 예배와 소 • 하나님 전상서 • 어느 호적계 직원
- 하지만 저는 크리스천입니다 • 마부일을 더 잘하는 것입니다
- 교수를 기다리는 하치 • 이디트의 힘 • 그 이상을 가르쳐야 한다


## 3부　예수님과 50만 원 (신앙과 예배) • 58

- 예수님과 50만 원 • 주일에는 뛰지 않습니다 • 소통 십일조
- 3달러를 주신데요 • 양식문제인가 믿음문제인가 • 사공의 질문
- 검은 송아지 죽이기 • 장군의 선약 • 한 가지가 더 필요하다
- 할머니의 바늘찾기 • 긍정과 부정 • 사진 두 장과 공간

## 4부  사랑의 6,000계단 (사랑과 눈물) • 84

- 사랑의 6,000계단 • 도마뱀의 사랑 • 문철 씨의 바지
- 한쪽 눈으로 사는 기쁨 • 욕심쟁이와 질투쟁이 • 누가 큰 사람인가?
- 갈릴리호수와 사해 • 어떤 사랑이야기 • 기도가 당신을 살렸습니다
- 강도와 신경통 • 업고가야 할 사람이 있습니다

## 5부  할아버지와 식탁 벨 (교회와 교우) • 108

- 할아버지와 식탁 벨 • 시골교회 승합차 • 머슴장로와 주인집사
- 조상기 일병 • 쉬어가는 길이 성공하는 길이다 • 바보나라와 꾀보나라
- 딱 하루에 참 많은 것을 보았구나 • 초모랑마 원정대
- 도망간 암탉 한 마리 • 울지 않는 수탉 • 어느 여대생의 경우

## 6부  농부와 가축 네 마리 (사심과 사명) • 132

- 농부와 가축 네 마리 • 사심과 사명 • 비교의식과 창조의식
- 거고 직업십계 • 마사다 • 소설가와 개
- 눈을 감고 맞은 이유 • 그 다음은? • 아치볼드가 받은 초청장
- 아무것도 하지 않았다 • 세 가지 소원

## 7부  한 가지가 없는 구멍가게 (정직과 청결) • 156

- 한 가지가 없는 구멍가게 • 한상동 목사님의 눈물 • 오늘은 장사를 못합니다
- 할머니 편지와 만 원 • 만리장성으로만 안된다 • 도리와 신용
- 세보지도 않았다 • 유일한의 유언 • 진주목걸이
- 이런 부자와 저런 부자

## 8부 쓰레기도 쓸모있다 (격려와 위로) • 181

- 쓰레기도 쓸모있다 • 그래야 목사님이 힘이 나지요 • 여보, 출세 안 해도 돼요
- 깨진 항아리 • 밀물과 썰물 • 하늘이 준 세 가지 은혜 • 너는 혼자가 아니다
- 왼손을 위한 피아노 협주곡 • 실패학 강사가 되다 • 인체의 신비

## 9부 108만 8천원 (훈련과 도전) • 200

- 108만 8천원 • 타고난 천재는 없다 • 17년 매미
- 사흘만 걸을 수 있다면 • 춘화현상 • 프란시스를 찾아온 두 젊은이
- 미소의 가치 • 변소의 철학 • 고무다리 선교사 • 계기비행

## 10부 내 십자가는 어디 있나요? (헌신과 희생) • 222

- 내 십자가는 어디 있나요? • 오츠 대원이 남긴 마지막 말 • 주보를 나눈 장군
- 고라니 엄마 풍산개 • 맹인과 앉은뱅이 • 가을기러기 • 우동할머니
- 빚 갚으러 왔습니다 • 평사리 최참판 댁에서 • 공생과 기생

## 11부 맹인아저씨와 부엉이 (지혜와 인생) • 244

- 맹인아저씨와 부엉이 • 왕과 예언자 • 쉬운 길과 바른 길
- 연어의 귀소본능 • 황금의 손 • 근시안과 원시안
- 개 버릇 남 못준다 • 남편과 애완견 • 21C 개미와 베짱이 • 두 농부 이야기
- 인생시계 • 더 이상 의심을 품지 말게

# PART 1

# 목사님을
# 한번 용서합시다

(용서와 은혜)

*Forgiveness and grace*

- 목사님을 한번 용서합시다
- 모두 갓끈을 끊어라
- 책 10권을 읽어주세요
- 그 분이 남긴 감사봉투
- 효는 흉내라도 아름답다
- 효남이와 금시계
- 여행객과 쿠키
- 부메랑
- 외아들의 죽음과 선처
- 한 여선교사의 죽음

Chapter 1
용서와 은혜

# 목사님을 한번 용서합시다

1944년 미국 텍사스의 달라스 제일침례교회에서 있었던 일입니다. 1대 목사님이 개척해서 45년 목회 후 은퇴를 하셨습니다. 당시 교인이 5,000명 정도 출석하는 대형교회입니다. 2대 목사님으로 35세 크리스웰(W. A Criswell) 목사님이 부임하게 되었는데 너무 젊어 교인들이 다소 걱정을 했습니다. 그런데 우려가 현실로 다가왔습니다.

젊은 목사의 취미는 사냥입니다. 어느 날 사냥을 나갔는데 노루 한 마리가 웅크리고 있는 것을 보고 정조준하여 방아쇠를 당겼습니다. 그런데 가보니 이것이 웬 일입니까? 노루는 간 데 없고 노루가 아니라 사람이 총에 맞아 죽어 있는 것이었습니다. 목사님은 사건을 수습하고는 자기의 인생은 끝났다고 생각하고 교회에 돌아와 그 사실을 알렸습니다.

온 교회와 언론이 들끓었습니다. '목사라는 사람이 사냥이나 좋아하고… 아니 짐승과 사람을 구분도 못하다니… 목사가 사람을 죽이다니…' 결국 크리스웰 목사는 교회 앞에 진심으로 사죄하며 담임목사직을 사임하였습니다. 그런데 전혀 예상치 못한 일이 일어났습니다. 교인들 중에서 동정론이 일어나기 시작했습니다. '사람을 죽인 젊은 목사님을 어느 교회가 받아주겠습니까? 우리 교회가 용서하지 않으면 목사님

은 평생 갈 곳이 없습니다. 지금 교회나 목사님이나 모두 위기를 만났는데 목사님을 한번 용서합시다.'

교인들의 배려로 크리스웰 목사는 그 교회에 남게 되었습니다. 젊은 크리스웰 목사는 그날 밤 잠을 이루질 못했습니다. 그리고 그날 자신의 책상 위에 '크리스웰, 너는 이제 죽었다.' 라고 써 붙였습니다. 그 뒤로부터 그의 목회 철학은 〈용서〉라는 단어였습니다. 자신을 과오를 풀어준 준 교우들이 너무 고마워 최선을 다해 목회했습니다.

크리스웰 목사님이 50년을 목회한 후 은퇴할 때 교인은 약 2만 명이었습니다. 그리고 54권의 주옥같은 신앙저서를 남겼습니다. 미국에서 가장 존경받는 목회자 중 한 사람으로 기억되고 있습니다. 교인들이 한 젊은 목사의 매듭을 풀어준 결과였습니다. 이 글을 읽은 그대, 그대가 풀어줄 매듭은 누구인가요? 무엇인가요? 눈 딱 감고 인심 한번 써 보시지요.

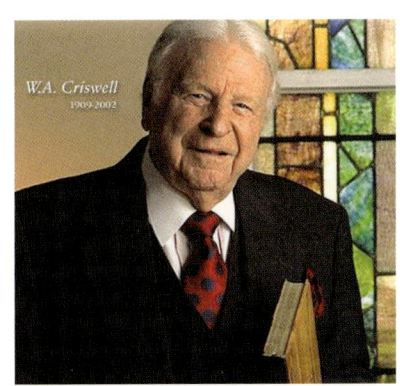

크리스웰 목사

Chapter 2
용서와 은혜

# 모두 갓끈을 끊어라

중국 춘추전국시대의 초나라 장왕 때의 일입니다. 어느 날 장왕은 전쟁에서 돌아온 장수들을 위해 큰잔치를 베풀었습니다. 밤이 늦도록 잔치는 계속되었고 모두들 취하여 흥이 무르익었습니다. 그런데 갑자기 세찬 바람이 불어 켜 놓았던 등불이 모두 꺼졌습니다. 순식간에 일어난 일이라 연회장이 깜깜하게 되었습니다. 그때 장왕의 총애를 받던 한 궁녀가 갑자기 자지러지게 비명을 질렀습니다. '에구머니! 이게 무슨 짓이야!' 어둠을 틈타 신하 중 한 명이 그녀를 희롱한 것이 분명했습니다.

궁녀는 다시 외쳤습니다. '폐하, 저에게 못된 짓을 한 자의 갓끈을 떼어 증거로 갖고 있습니다. 부디 빨리 불을 켜 범인을 잡아 주소서.' 연회장은 순식간에 찬물을 끼얹은 듯 냉기가 싸늘하게 감돌았습니다. 장왕이 소리를 높여 말했습니다. '아직 불을 켜지 말라. 이 자리는 내가 장수들에게 잔치를 베푼 자리다. 그러니 누군가가 순간적으로 다소 무례한 짓을 하였다 하더라도 그 책임은 전적으로 나에게 있노라. 그러니 나의 신하 중 어느 하나가 수치를 당하는 것은 결코 나의 뜻이 아니니라.'

잠시 말을 멈추었다가 장왕은 다시 목소리를 높여서 말했습니다. '잘 들으시오. 여기에 앉아 있는 모든 자들은 지금 곧 자신의 갓끈을 떼어 주머니에 넣도록 하시오. 만약 갓끈을 떼지 않은 자가 있으면 내 그를 엄히 다스릴 것이오.' 그 말을 들은 신하들은 일제히 갓끈을 떼어냈습니다. 그런 다음에 장왕은 불을 켜도록 명했습니다. 신하들 모두가 하나같이 갓끈이 떼어져 있으니 누가 범인인줄 알 수 없었습니다.

3년 후 초나라는 진나라와 전쟁을 하게 되었습니다. 전세는 불리했습니다. 패전이 다가오는 순간 목숨을 버린 듯 뛰쳐나가는 한 장수가 있었습니다. 용기를 얻은 군사들이 사력을 다했고 마침내 기적같이 진나라를 물리쳤습니다. 장왕은 전쟁에서 크게 공을 세운 그 장수를 불러 공을 치하하고 후한 상을 내리려 했습니다. 그러자 그 장수는 극구 사양하면서 말했습니다. '폐하, 저의 목숨은 지난번 연회가 있던 날 이미 죽어야 마땅했사옵니다. 그날 밤 폐하께서 저의 목숨을 살려 주시지 않았다면 저는 이번 전쟁에 나설 수조차 없었을 것입니다. 그러니 제가 세운 공은 마땅히 폐하의 몫인 줄로 아옵니다.' 이렇게 말하고는 무릎을 꿇고 왕에게 큰절을 했습니다.

산마다 골짜기 없는 산이 없듯 사람마다 허물없는 사람은 없습니다. 공의라는 그럴듯한 명분을 내걸고 허물을 따져 물어 대가를 치르도록 하는 것도 한 방법입니다. 다른 방법도 있습니다. 자신도 언제든 어디서든 실수를 범할 수 있는 약한 존재라는 생각에서 허물을 감싸고 덮어주며 그 결과를 하늘에 맡기는 것입니다. 장왕은 그날 후자를 택했습니다. 그 일로 목숨까지 바칠 충성된 신하를 얻었고 나라를 구하는 큰 덤까지 얻었습니다.

그대 눈에 보이는 개인이나 공동체의 허물에 '날카로운 칼'을 뺄 수 있습니다. 하지만 '따뜻한 손'을 뺄 수도 있습니다. 선택은 그대의 몫이며 그 결과 또한 그대의 몫이 될 것입니다.

Chapter 3
용서와 은혜

# 책 10권을 읽어주세요

1999년 11월 8일 오후 광주남부경찰서 구내식당에서 있었던 일을 모 신문 김성현 기자가 전한 내용입니다. 이모(고2) 군이 밤늦게 아파트 엘리베이터에서 여고생을 칼로 위협해 옥상으로 데려갔습니다. 그리고는 성폭행을 한 후에 금품을 빼앗아 달아났습니다. 얼마 후 그 남학생은 붙잡혔고 광주남부경찰서 구내식당에서 피해자 여학생의 어머니와 가해자 남학생의 어머니가 만났습니다.

고성이나 욕설이 터져 나와야 정상이지만 그날 분위기는 달랐습니다. 피해 여고생의 어머니 김 씨(40)가 나지막한 그러나 또렷한 목소리로 몇 가지 조건을 제시했습니다. '보상은 반드시 하셔야 합니다. 하지만 저희에게가 아니라 사회에 보상을 하세요.' 김 씨는 먼저 가해자 이 군의 가족에게 '결손아동 돕기성금'을 기탁해달라고 제의했습니다. 금액은 형편에 맞는 액수로 해달라고 하였습니다. 이어 김 씨는 이군에게 정서순화를 위해 좋은 책 10권을 읽고 독후감을 담당형사에게 제출해줄 것을 요구했습니다.

김 씨가 권장한 책은 성 어거스틴의 〈참회록〉, 어네스트 헤밍웨이의 〈노인과 바다〉, 도스토예프스키의 〈죄와 벌〉, 잭 캔필드의 〈마음을 열어

주는 101가지 이야기〉 등이었습니다. 김 씨는 이군의 어머니에게도 구성애 씨의 〈성교육〉 등 자녀교육 관련 서적을 읽어달라고 부탁했습니다.

'어린 학생이 저지른 순간의 실수로 평생 짐을 짊어지고 가게 할 수는 없었어요.' 심경을 피력한 김 씨는 신실한 크리스천으로 알려졌습니다. 그는 이군이 독서를 통해 성에 대한 왜곡된 인식을 바꿔 사회에 쓸모 있는 사람으로 성장해주길 바란다고 했습니다. 그러면서 이군에게 '나는 이미 용서했다. 남에게 상처를 주면 결국 스스로를 해치는 것이다' 는 충고를 덧붙였습니다.

가해자의 어머니는 눈물을 흘렸습니다. 그리고는 제시한 조건들을 성실히 이행하도록 최선을 다하겠다고 약속했습니다. 이 과정을 지켜봤다는 광주남부서의 한 형사는 처음 겪은 일이며 충격이었다고 놀라워했습니다. 자신의 딸에게 지울 수 없는 상처를 준 남의 아들까지 감싸 안고 어떻게든 올바른 길로 인도해 보려는 김집사의 사랑이 살벌한 경찰서 내부에 감동의 물결을 일으켰습니다.

용서는 생각만큼, 말만큼 쉽지 않습니다. 지식으로나 지위, 연륜으로 되는 것이 아니기 때문입니다. 용서는 오직 성령님의 은혜 안에서 가능한 것입니다. 세상이 각박하다보니 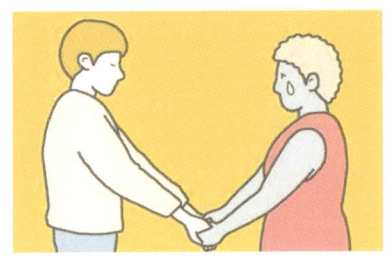 마음들이 자꾸 좁아져 가는 것 같습니다. 그러다 보니 조그만 일에도 벌컥 화를 내기 일쑤고, 다투기 다반사입니다. 5월 마지막 주일입니다. 녹음이 조금씩 짙어가고 있습니다. 우리들은 이해, 관용을 넘어 용서의 폭이 조금씩 넓어지면 좋겠습니다.

Chapter 4
용서와 은혜

# 그 분이 남긴 감사봉투

1948년 10월 19일 제주폭동을 진압하기 위해 여수에 집결해 있던 군인들 중 남로당 계열의 군인을 중심으로 여수순천사건이 일어났습니다. 이 와중에 순천사범학교 졸업을 앞둔 손양원 목사님의 큰 아들 동인(23세)과 둘째 동신(18세)이 좌익계열의 사람들에게 체포되어 순교하였습니다. 졸지에 두 아들을 잃은 손 목사님은 장례식 때 9가지 감사를 답사로 대신하였습니다.

01. 나 같은 죄인의 혈통에서 순교의 자식들이 나오게 하셨으니 감사합니다.
02. 허다한 사람 중에 이런 보배들을 주께서 하필 내게 맡겨주셔서 감사합니다.
03. 3남 3여 중 가장 아름다운 두 아들 장자와 차자를 바치게 된 축복 감사합니다.
04. 한 아들의 순교도 귀한데 하물며 두 아들의 순교이니 감사합니다.
05. 예수 믿다 누워죽어도 감사한데 전도하다 총살 순교당하니 감사합니다.
06. 미국 유학가려고 준비하던 내 아들 미국보다 더 좋은 천국

갔으니 감사합니다.
07. 두 아들을 총살한 원수를 회개시켜 아들 삼고자하는 마음 주셔서 감사합니다.
08. 내 아들의 순교로 인해 무수한 천국의 아들들이 생길 것을 생각하니 감사합니다.
09. 이 같은 역경 중에서 이상 8가지 감사와 여유 있는 믿음 주셔서 감사합니다.

장례식이 끝나고 손양원 목사님은 슬퍼하는 기색 없이 장례행렬 맨 앞에서 '영광일세 영광일세 내가 누릴 영광일세' 하는 찬송을 부르며 가셨다고 합니다. 전남 여수에 가면 애양원이 있습니다. 그 곁엔 묘 3개가 나란히 있습니다. 순교자 손 목사님과 두 아들의 묘입니다. 애양원 기념관에는 손양원 목사님의 유품(遺品)과 사진, 편지들이 전시되어 있는데 두 아들이 순교를 당한 직후 하나님께 바쳤던 감사헌금 봉투도 있습니다. 그 봉투에는 이런 글귀가 적혀 있습니다.

'두 아들의 순교를 감사하며, 1만 원, 손양원.'
(참고로 당시 목사님의 한 달 생활비가 80원이었다고 합니다)

크리스천에게 감사지수(感謝指數)는 그 사람의 신앙수준(信仰水準)임을 다시 한 번 새겨봅니다. 지난주일 감사절을 보냈습니다. 절기는 지났어도 감사는 평생 지속되어야 합니다. 시달리고 쪼들리는 현실이지만 손양원 목사님의 9가지 감사과 봉투에 적혀진 글귀를 되새겨 평생감사로 살아가면 좋겠습니다.

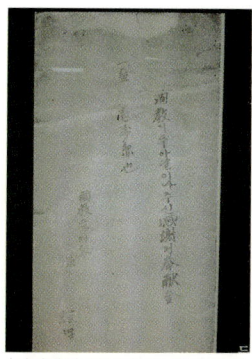
(기념관에 전시된 감사헌금봉투)

Chapter 5
용서와 은혜

# 효는 흉내라도 아름답다

조선의 17대 왕 효종(1619-1659)은 당시 군제도를 개혁하여 북벌(北伐)계획을 강력히 추진하였습니다. 임진왜란과 병자호란 이후 붕괴 위기에 처한 경제의 재건에도 많은 노력을 기울인 훌륭한 왕으로 평가되고 있습니다. 그 효종이 다스리던 시대에 한 이야기가 전해져 내려오고 있습니다.

효종이 백성들을 살피기 위해 한 고을을 시찰하러 나갔습니다. 많은 사람들이 효종이 지나가는 길목에 몰려들었습니다. 효종은 그 빽빽이 들어선 사람들 가운데서 한 특이한 사람을 발견하였습니다. 남루한 옷을 걸친 한 촌부(村夫)가 팔순이 넘은 노모를 업고 서 있었던 것입니다. '무슨 일로 이렇게까지 늙으신 부모를 업고 서 있느냐?' 효종이 물었습니다. '어머님의 평생소원이 임금님의 얼굴을 뵙는 것이어서 제가 십 리 길을 걸어 어머니를 업고 왔습니다.' 촌부는 대답하였습니다. 왕은 그 효심에 감동하여 촌부에게 후한 상금을 주도록 하였습니다.

한편, 이 소문이 인근 고을에 퍼져나갔습니다. 그 곳에 사는 한 젊은 이가 이 소식을 들었습니다. 며칠 후 자기 고을에 임금님이 온다는 말에 자기 어머님을 업고 길가에 서 있었습니다. 길을 지나던 효종 임금은 똑같은 질문을 하였습니다. '어찌하여 어머니를 업고 서 있느냐?' 젊은이는 기회를 놓칠세라 재빠르게 대답하였습니다. '어머님께서 하도 임금님을 뵙고 싶어서 제가 먼 길을 걸어서 이렇게 왔습니다.'

바로 그때 그 고을 사람 하나가 뛰쳐나오며 큰소리로 말했습니다. '전하, 저 놈은 천하의 불효자식인데 상금을 타먹으려고 제 어머니를 업고 나왔나이다.' 순간 길거리는 찬물을 끼얹은 듯했습니다. 모두들 숨을 죽이며 임금님을 바라보았습니다. 한동안 젊은이를 바라보던 효종 임금이 침묵을 깨고 말했습니다. '효도라는 것은 흉내 내는 것일지라도 아름다운 것이니라. 저 젊은이에게도 후한 상을 내리도록 하거라.'

우리 주변에 어버이의 마음을 너무 아프게 하는 자식들이 적지 않습니다. 아프게 하다못해 못을 박는 자식들도 있습니다. 이젠 좀 철이 들어야 하는 나이임에도 불구하고 여전히 어버이의 한숨이요 탄식입니다. 이런 자식들을 보면 아픔을 넘어 분노가 솟구칩니다. 올해도 어버이날이 왔습니다. 자식들이 효는 흉내라도 아름다운 것이라는 효종의 말을 곱씹어 보았으면 좋겠습니다.

Chapter 6
용서와 은혜

# 효남이와 금시계

아홉 살 때 아버지가 돌아가신 효남이는 간신히 초등학교를 졸업하였습니다. 그 뒤 서울로 올라와 근교 목장에서 새벽에는 우유배달하고, 낮에는 일하며 야간학교에 다녔습니다. 이렇게 사는 열다섯 살 효남이에게 이틀 전 동생 효순이에게서 편지가 왔습니다. 어머니께서 닷새가 넘도록 앓고 계시다는 것입니다. 효남이는 주인에게 사정을 말하고 약값으로 돈 5만 원만 미리 달라고 했지만 거절당했습니다. 다음 날도 부탁했지만 마찬가지였습니다.

그런데 오늘 목장에 난리가 났습니다. 주인 금시계가 없어진 것입니다. 주인은 효남이를 의심했습니다. 주인에게 돈 얘기를 했던 효남이는 공연히 두근두근 합니다. 주인은 경찰서로 끌려가기 전에 바른대로 말하라며 효남이를 윽박질렀습니다. 눈물의 호소에도 주인은 믿어주지 않았습니다. 주인이 일군들의 빈 방을 뒤지자 금시계는 없었습니다. 그런데 효남이의 서랍에서 주인의 금반지가 나왔습니다. 반지를 보며 효남이가 금시계도 가져간 게 분명하다 생각했습니다.

주인은 잔심부름을 하는 수득이를 보내 당장 일하고 있는 효남이를 불렀습니다. 수득이가 돌아가고 접혀진 웬 종이쪽지가 보였습니다. 금시계를 전당잡힌 전당표였습니다. 밑에 이름을 보니 전수득이었습니다. 수득이가 금시계를 훔치고 효남이에게 누명을 씌우려고 금반지를 가져다 놓은 게 분명했습니다.

　주인집에 들어서는데 저쪽에서 수득이 엄마가 수득이와 만나는 소리가 들렸습니다. '수득아, 오늘 돈 가져온다더니... 왜 여태... 주인이 방을 빼란다. 누워계신 아버지를 어찌 길바닥에 눕히겠니?' 주인에게 불려간 효남이는 금시계를 어디 뒀느냐는 호통에 눈물만 흘렸습니다. '죄송합니다. 죽을 죄를 지었습니다.' 굵은 눈물이 신발 위에 뚝뚝 떨어집니다.

　쫓겨나는 효남이를 보자 수득이는 마음이 괴로웠습니다. 사실을 고백하려 할 때 효남이가 재빨리 말을 막았습니다. '아니야, 나는 어차피 이곳을 떠나야 할 사람이야. 네 아버지가 앓고 계시지 않니? 네가 여기 있어야 해.' 해가 지기를 기다리던 효남이는 야학교에 갔습니다. 차마 교실에 가지 못하고 교무실에 들러 시골에 간다며 인사를 했습니다.

　한편 수득이는 밤새도록 울다가 새벽이 되자 효남이 누명을 벗겨주어야겠다고 생각했습니다. 목장 주인은 수득이의 말을 듣고 깜짝 놀랐습니다. 그렇게 착한 효남이에게 어떻게 사과할까 하다가 저녁에 야학교에 찾아갔습니다. 효남이 선생님으로부터 효남이네 집을 알게 된 주인은 다음날 효남이가 사는 시골로 찾아갔습니다. 그리고 닷새 후에 효남이네 집 식구를 데리고 올라와 어머니는 병원에 효남이와 효순이는 학교에 보내주었습니다.

　방정환 선생님이 쓰인 동화 〈금시계〉 이야기입니다. 읽어 내려가면서 오해, 누명, 우정, 사랑, 용서 이런 단어들이 가슴에 머물고 있습니다. 그렇다면 동화는 어린이를 위한 것이지만 사실은 어린이보다 오늘날 어른들이 더 많이 읽어야 하지 않나 생각합니다.

Chapter 7
용서와 은혜

# 여행객과 쿠키

한 젊은 여성이 어느 공항에서 비행기를 기다리고 있었습니다. 오래동안 기다려야 했기 때문에 가게에 들러 책을 한 권 사고 또 쿠키도 한 봉지 샀습니다. 기다리는 동안 그녀는 자리를 잡고 책을 읽기 시작했습니다. 그녀가 쿠키를 꺼내놓은 옆자리에 한 남자가 앉았고, 그도 가방에서 잡지를 꺼내 읽기 시작했습니다. 그녀가 첫 번째 쿠키를 꺼내 먹자 그 남자도 한 개를 꺼내 먹는 것이었습니다. '뭐... 이런 남자가 있어....' 힐끗 쳐다보았지만 그 남자는 태연했습니다. 이후에도 그녀가 쿠키를 한 개씩 먹을 때마다 그 남자도 한 개씩 쿠키를 먹는 것이었습니다. 그때마다 화가 치밀어 올랐지만 꾹 참았습니다.

마침내 봉지에는 쿠키가 한 개만 남았습니다. 그녀의 마음은 '이 무례한 남자가 어떻게 나올까?' 분노감과 함께 호기심이 들었습니다. 그 남자는 정말 아무렇지도 않다는 듯 마지막 한 개의 쿠키를 집어 들더니 반으로 쪼개어 미소와 함께 그녀에게 건네는 것이었습니다. 아! 그녀는 기분이 상해 더 이상 견딜 수 없어 가방과 책을 들고 자리를 떠났습니다. 얼마 후 그녀가 비행기에 올라 안경을 꺼내려고 손가방을 들여다보는 순간 소스라치게 놀랐습니다. 자신이 산 쿠키 한 봉지가 고스란히 그 안에 있었기 때문입니다. 무뢰한(無賴漢)은 그 남자가 아니라 바로 자신이었습니다.

망치로 맞은 듯 멍한 자신을 추스르며 정신이 드는 가운데 비행기는 이륙(離陸)하고 있었습니다. 우리에게 다시 돌이킬 수 없는 네 가지가 있답니다.

　　내 손을 떠나버린 돌
　　내 입을 떠나버린 말
　　내 삶을 떠나버린 시간
　　내 곁을 떠나버린 그대

세상에는 해(解)가 두 개 있습니다. 오해(誤解)와 이해(理解)입니다. 공항의 여자는 오해하였고 남자는 이해하였습니다. 마지막 남은 쿠키를 반으로 쪼개어 미소와 함께 건네주던 그 남자의 여유가 부럽습니다. 세상이 날로 각박해져가니 더욱 그러합니다. 부활절 아침입니다. 어둠의 오해는 사라지고 밝은 이해가 가득한 세상이기를 소망합니다.

Chapter 8
용서와 은혜

# 부메랑(Boomerang)

영국에 로니 빅스라는 젊은이가 있었습니다. 어느 날 한 계획을 세워 런던행 야간열차에 몸을 실었습니다. 적당한 시간이 되었다고 생각했을 때 자기의 계획을 실행에 옮겼습니다. 그 계획은 멋지게 성공하였습니다. 열차로 운반하던 260만 파운드(약 37억 원)나 되는 거액을 털어 손에 쥔 것입니다. 그러나 곧 체포되었고 30년형을 선고받았습니다. 감옥에서의 생활은 갑갑하기 그지없었습니다. 다시 한 계획을 세워 멋지게 성공하였습니다. 15개월 만에 탈옥한 것입니다. 이때부터 탈옥수 로니 빅스의 도피생활이 시작되었습니다.

안전한 도피처를 찾기란 그리 쉽지 않았습니다. 또 다시 한 계획을 세웠고 해외도피에 성공하였습니다. 빅스는 여러 나라를 방황하다 브라질에 정착하게 되었습니다. 신분은 완벽하게 숨겨졌고 안전한 거처도 마련하였습니다. 이젠 추격의 두려움에서 벗어나게 되었습니다. 세월이 지나며 세상은 그를 잊었고 그렇게 35년간을 살아왔습니다. 적어도 겉으로는 아무 탈없이 말입니다.

그러던 어느 날이었습니다. 2001년 5월 4일 런던 시경(市警)에 이메일이 접수되었습니다. 브라질에서 온 것입니다. 브라질에 빅스가 살고 있다는 것입니다. 뿐만이 아니라 거기에는 결정적인 제보가 있었습니다. 그가 7일 런던 공항에 도착한다는 것입니다. 런던 시경은 7대의 경찰 차량을 동원하여 기다리고 있다가 그를 체포하였습니다.

여기서 의문이 남습니다. 35년간 생사조차 알 수 없었던 빅스의 입국정보를 도대체 누가 전해주었느냐는 것입니다. 편지의 발신인은 바로 빅스 자신이었습니다. 말하자면 자수의사를 밝힌 것입니다. 체포의 두려움 없이 안전하게 35년을 살아왔지만 마음을 짓누르는 과거의 죄짐은 벗어날 수 없었습니다. 죽기 전에 양심의 자유를 얻고 싶었던 것입니다.

호주의 원주민들이 전쟁하거나 사냥할 때 던지면 다시 자신에게로 되돌아오는 기구, 부메랑을 생각해 봅니다. 죄가 그런 것입니다. 죄는 대가를 가지고 다시 자기에게로 찾아옵니다. 빅스가 던진 죄의 부메랑은 35년 내내 죄책감으로 다시 찾아왔습니다.

세상에는 죄의 부메랑을 던지는 사람들이 적지 않습니다. 죄의 부메랑을 던진 사람들이 있다면 이것을 알았으면 좋겠습니다. 부메랑의 유턴(U-turn)을 끊을 수 있음은 오직 예수 그리스도 밖에 없다는 사실입니다.

Chapter 9
용서와 은혜

# 외아들의 죽음과 선처

지난달 13일 낮 12시경 청주의 한 아파트 상가 앞에서 교통사고가 있었습니다. 피해자는 인라인스케이트를 타던 5학년 조모 군(11세)이었습니다. 곧바로 병원에 옮겨졌으나 심한 부상으로 13시간 만에 숨졌습니다. 가해자는 23살의 젊은이였습니다. 밤늦게까지 술을 마셨고 아침에 일어났지만 술이 덜 깬 상태였습니다. 말하자면 음주운전이었습니다. 게다가 횡단보도에서 사고를 냈으니 가해자의 과실이 크고 명백했습니다.

부모 조 씨(49세) 부부에게 아들은 38살의 늦은 나이에 어렵게 얻은 아들이었습니다. 게다가 둘도 없는 하나 밖에 없는 외아들이었습니다. 음주운전, 횡단보도에서의 사고를 생각하니 피가 거꾸로 솟는 느낌이었습니다. 가해자에 대한 분노와 미움으로 잠을 잘 수 없었습니다. 그러나 크리스천인 조 씨 부부는 가해자를 용서하기로 하였습니다. 용서하되 아주 깨끗이 용서하기로 하였습니다. 고통은 자신 한 사람으로 족하고 또 다른 사람이 고통당하는 것을 원지 않았기 때문입니다.

담당경찰관을 만나 선처(善處)를 부탁했고 담당검사도 찾아가 처벌을 원치 않는다고 말했습니다. 그리고 얼마의 합의금을 가져온 가해자

가족에게도 생활이 어렵다는 것을 알고 거절한 뒤 합의서를 작성해 주었습니다. 다만 한 가지 가해자 청년이 자신이 다니는 청주 대청교회에 등록하여 신앙생활을 했으면 좋겠다고 하였습니다. 이렇게 해서 가해자 청년은 지난달 29일 대청교회에 등록하게 되었습니다.

부부는 병원으로부터 누군가가 아들의 안구와 각막이 급히 필요하다는 얘기를 듣고 기증하기로 하였습니다. 아들의 시신은 곧 충남대학교병원으로 옮겨졌고 시각장애인 두 사람에게 캄캄하기만 하던 세상을 활짝 열어주었습니다. 이렇게 해서 외아들의 목숨은 한 생명을 구원하게 되었고 어둠에 살던 두 사람에게 빛을 주게 된 것입니다.

우리 주변에 증오와 미움에 매여 사는 사람이 적지 않습니다. 증오하고 미워할수록 그 피해의 대가는 자신이 치러야 한다는 사실을 알았으면 좋겠습니다. 증오에 매인 자, 그는 밥을 먹을 수 없습니다. 그는 편히 잠을 잘 수도 없습니다. 아직도 미움에 매여 사는 분들이 조 씨 부부를 생각하며 용서를 베풀었으면 좋겠습니다. 예수님을 생각하면 이 세상에서 크리스천에게 용서 못할 일은 없습니다.

Chapter 10
용서와 은혜

# 한 여선교사의 죽음

2001년 한 여선교사님이 어처구니없는 일로 숨졌습니다. 웬만한 사람은 엄두도 못내는 남미 아마존강 오지(奧地)에서 사역하시는 중이었습니다. 아직도 더 뜨겁게 섬길 수 있는 35세인지라 안타까운 마음이 더 합니다. 게다가 7개월 된 사랑하는 딸도 함께 숨졌습니다. 슬프고 안타까운 이 사건의 개요는 다음과 같습니다.

희생당한 베로니카와 남편 짐(38세), 딸 채리티, 아들 코리 일가족 4명은 아마존 오지에서 선교사역에 힘쓰고 있었습니다. 그 해 4월 가족은 동료 선교사 케빈(42세)이 조종하는 경비행기를 타고 일시 귀국 중이었습니다. 비행기는 페루의 수도 리마에서 북동쪽 1,000km 떨어진 아마존 강 상류 이키토스 부근을 지나고 있었습니다.

오전 10시쯤 갑자기 페루 공군 전투기가 나타나 총격을 가했습니다. 뒷좌석에 있던 베로니카는 딸아이를 품에 안고 반사적으로 허리를 굽혔는데 총탄이 등을 관통하였고, 앉고 있던 딸의 머리에 맞았습니다. 또 다른 총탄은 조종하던 선교사의 다리를 관통하였습니다. 비행기는 추락하기 시작하였고, 조종사는 구사일생으로 아마존 강에 비상 착륙하여 다른 사람들은 목숨을 구하게 되었습니다.

문제는 왜 페루 공군이 총격을 가했는지 입니다. 페루와 브라질의 접경인 이 지역은 아마존 정글지대의 은폐된

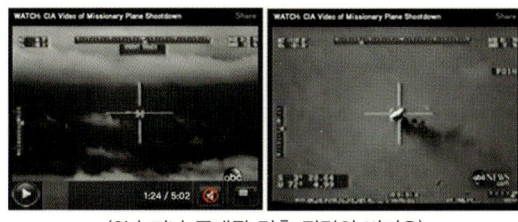
(9년 지나 공개된 격추 장면의 비디오)

마약 생산지인데 미국 정부의 지원 아래 페루가 늘 감시하는 곳 입니다. 그날 미국 정찰기는 선교사들이 탄 비행기를 마약 운반기로 의심하고 페루 공군에 타전(打電)했고 페루 공군은 사실을 확인하지 않고 격추하였던 것입니다. 베로니카 선교사는 이렇게 순교하였습니다.

우리 사는 이 세상에는 확인되지 않은 떠돌이 말들이 너무나 많은 것 같습니다. 그리고 그 주변엔 언제나 부화뇌동(附和雷同)하는 무리들이 있습니다. 그들은 순진한 양을 잡고 잔치하는 늑대들 마냥 히죽거리며 떠돌이 소문을 즐깁니다. 들리는 말만으로는 결정을 유보해 두었으면 좋겠습니다. 사실을 확인하지 않았으면 함부로 판단하지 않았으면 좋겠습니다. 우리 주변에 제2, 제3의 베로니카 같은 분들이 없도록 하기 위하여. 내일은 성탄의 은혜가 소복소복 내리는 날입니다. 그 은혜로 오해(誤解)와 오판(誤判)이 사라지는 새 세상이 되었으면 좋겠습니다.

# PART 2

## 아홉 살 낙서범

(감동과 감격)

*Impression and excitement*

- 아홉 살 낙서범
- 기계를 끌어안고 밤을 새우다
- 한 아이가 싼 오줌
- 예배와 소
- 하나님 전상서
- 어느 호적계 직원
- 하지만 저는 크리스천입니다
- 마부일을 더 잘하는 것입니다
- 교수를 기다리는 하치
- 이디트의 힘
- 그 이상을 가르쳐야 한다

Chapter 1
감동과 감격

# 아홉 살 낙서범

2009년 경기도 가평군 현리의 한 조용한 마을에서 있었던 일입니다. 마을의 담벼락마다 누군가의 이름으로 도배되기 시작했습니다. 이곳저곳 숱한 이름들, 지워도 다음날 또 어김없이 적혀 있습니다. 수십일 지속되는 낙서를 보며 마을 주민들은 화가 치밀었습니다. 급기야 경찰에 신고하였고 경찰들이 탐문수사를 했지만 범인의 실체는 오리무중(五里霧中)이었습니다.

거세지는 주민들의 항의에 못 이겨 결국 경찰은 잠복작전에 들어갔습니다. 잠복 몇 시간 만에 나타난 범인은 정말 의외였습니다. 아홉 살 가량의 초등학생 남자아이였습니다. 청바지에 깔끔한 옷차림, 안경을 쓴 꼬마는 잠복한 줄도 모르고 익숙한 듯 분필로 또박또박 이름 석 자를 써 내려갔습니다. 경찰은 일단 아홉 살 낙서범을 파출소로 데려갔습니다.

낙서범이 잡혔다는 소식을 들은 이장과 동네 주민들은 분노에 찬 얼굴로 파출소로 들어섰습니다. 나이 지긋한 한 할아버지가 자초지종을 물었습니다. '어떻게 된 거니?' 재차 물어도 꼬마는 말이 없었습니다.

1시간여의 시간이 흐르고 나서야 서울에서 전학 온 지 얼마 안 됐다는 것과 그리고 벽에 적은 이름이 엄마의 이름이라는 것을 말했습니다.

'왜 엄마 이름으로 낙서를 한 거니?' 곁에 있던 이장이 물었습니다. 머리를 숙이고 있던 낙서범이 풀이 죽은 소리로 말했습니다. '우리 엄마가 많이 아파요. 많은 사람들이 엄마 이름을 보고 함께 불러주면 금방 낫지 않을까 해서요. 잘못했어요.' 순간 파출소는 시간이 멈춘 듯 정적(靜寂)이 흘렀습니다.

동네 어른들이 아이의 머리를 말없이 쓰다듬더니 침묵을 깨고 말했습니다. '더 이상 이 일에 대해 문제 삼지 않을 테니, 동네 어디든지 마음껏 낙서를 해도 된다.'

〈사랑밭 새벽편지〉가 전한 이야기입니다. 사실 동화(童話) 같은 이 이야기는 당시 가평 현리파출소 윤병건 순경이 경험한 실제이야기입니다. '엄마 이름을 보고 함께 불러주면 금방 낫지 않을까 해서요' 라는 대목에서 목이 멥니다.

우리 앞에 가을이 펼쳐지고 있습니다. 높고 푸르른 하늘을 보며 누군가의 이름을 부르면 좋겠습니다. 아픈 사람, 슬픈 사람, 힘든 사람들 이름을 불러주면 좋겠습니다. 엄마, 아들, 친구 이름을 불러 주면 좋겠습니다. 우리가 그의 이름 불러서 낫는다면 열 번이 아니라 천 번이라도 불러주고 싶습니다.

Chapter 2
감동과 감격

# 기계를 끌어안고 밤을 새우다

　우리나라 최고의 기업, 삼성에 일반에게는 잘 알려지지 않은 신화의 주역(主役)이 있습니다. 삼성의 창업공신 중 한 사람인 김재명 씨입니다. 그는 제일제당에서 처음 근무를 시작했습니다. 정식사원도 아니었습니다. 허드렛일을 하는 임시직이었습니다. 어느 날 제일제당은 독일에서 고가의 기계 한 대를 들여왔습니다. 공장에 설치를 앞두고 일단 마당에 내려놓았습니다. 그런데 그날 밤부터 폭우가 쏟아졌습니다.

　그 시점 삼성의 이병철 회장은 부산의 해운대 호텔에 묵고 있었습니다. 쏟아지는 폭우에 깜짝 놀란 이 회장은 공장으로 달려갔습니다. 고가의 기계가 비를 맞으면 결국 고물이 될 수밖에 없기 때문입니다. 달려가는 동안 그저 기계가 무사하기만을 빌 뿐이었습니다. 새벽 무렵 공장에 당도한 이 회장은 기계를 찾았습니다. 아직도 캄캄한 공장 마당 한 구석, 어떤 사람이 비를 맞으며 홀로 기계를 끌어안고 있었습니다. 기계에 모포와 비닐을 뒤집어 씌운 채 말입니다.

　이병철 회장이 그 사람에게 물었습니다. '당신은 누구인가?' '김재명입니다.' 이병철 회장은 그날 김재명 씨를 정식사원으로 채용하였습니다. 그 후 김재명 씨는 제일제당의 사장이 되었습니다. 동서식품을 설립하였으며, 오늘날 삼성전자를 일으키는 창업의 일등공신이 되었습니다. 이 이야기는 채의숭 회장(대의그룹회장, 화양감리교회 장로)이 쓴 〈하늘경영〉이란 책에 소개되어 있습니다.

쏟아지는 폭우에 흠뻑 젖은 채 기계를 부둥켜안고 있는 김재명 씨를 상상해봅니다. 기계에 대한 애착, 그것은 곧 회사에 대한 사랑이요, 이병철 회장에 대한 헌신이었습니다. 비록 임시직이지만 말입니다.

여덟 번째 VIP축제가 내일부터 이틀간 있습니다. 우리는 기계 대신 한 생명을 부둥켜안고 있으면 좋겠습니다. 한 영혼에 대한 애착, 그것은 곧 교회에 대한 사랑이요, 하나님을 향한 헌신이기 때문입니다.

회사에서는 김재명 씨 같은 분이 쓰임 받습니다. 그리고 그 같은 분들로 인해 신화가 만들어 집니다. 교회도 마찬가지입니다. 쏟아지는 폭우 속에서 홀로라도 한 생명을 부둥켜안고 밤을 지새우는 사람이 쓰임 받게 됩니다. 다시 한 번 이번 축제 가운데 여러분의 영혼에 대한 애착을 기대해 봅니다. 여러분을 축복합니다. 좋으신 하나님을 찬양합니다.

Chapter 3
감동과 감격

# 한 아이가 싼 오줌

서울 은평구에는 아이들을 맡아 돌보는 〈선덕원〉이 있습니다. 선덕원은 미국에서 유학 중이던 정은득(현 원장)씨의 어머니가 시작한 일입니다. 고등학교 선생님이던 그녀의 어머니는 한 사건이 계기가 되어 퇴직한 후 아이들을 데려다 보살피기 시작했습니다. 당시 200명 정도의 아이들을 보살피던 그녀의 어머니는 53세에 과로로 쓰러져 돌아가셨습니다. 당시 미국 유학 중이던 딸 정은득 씨에게 알리지 말라고 해 돌아가신 후에야 한국으로 돌아와 우여곡절 끝에 선덕원을 맡게 되었습니다. 다음은 모 매체에 소개된 그 분의 간증입니다.

어릴 적 우리 집은 유복한 집안으로 행복하게 살고 있었다. 그러던 어느 날 비극이 찾아왔다. 미국 유학을 떠난 오빠가 25세에 간암으로 갑자기 사망한 것이었다. 모든 것을 잃고 절망한 어머니가 선택한 길은 부모가 없는 아이들을 품고 보살피는 일이었다. 그것을 보고 자란 나는 어머니의 모자란 일손을 도왔지만 그 헌신적인 사랑을 따라갈 수 없었다. 대학을 졸업하고 장래를 약속한 사람이 있는 미국으로 유학길에 올랐다.

미국에서 생활한 지 약 14년이 지났을 무렵 어머니가 돌아가신 후 보육원은 많은 어려움을 겪고 있었다. 많은 사람이 나에게 보육원을 맡아서 운영해 주길 바랐지만 미국생활을 정리하고 한국으로 돌아올 용기는 없었다. 어느 해 보육원을 방문하기 위해 한국행 비행기에 몸을 실었다. 보육원에 도착하자 예나 지금이나 아이들은 콧물을 훌쩍거리며 내 주위에 몰려들었다. 부모가 그리운 아이들이 가장 좋아하는 것은 품에 꼭 안아주는 것이다.

나는 품을 수 있을 만큼 몇몇 아이들을 안아주고 자리에 앉았다. 그런데 다섯 살쯤 돼 보이는 여자아이가 잽싸게 내 품으로 파고드는 것이었다. 팔이 닿는 만큼, 무릎이 허락하는 만큼 아이들을 앉혀놓고 이런저런 이야기를 해주고 있었다. 그렇게 20여 분이 흘렀을까? 갑자기 내 치마가 뜨듯해 짐을 느낄 수 있었다. 순간 놀라 여자아이를 일으켜 세우고 보니 아이가 내 무릎에 앉아서 오줌을 싼 것이었다.

나도 놀랐지만, 아이도 놀랐는지 일어서서 엉엉 울기 시작했다. 우는 아이를 달래 물었다. '쉬 마려우면 화장실에 가지, 왜 앉아서 누었니?' 나무람 반 일러주는 말, 반으로 이야기했다. 그러자 아이는 울먹이며 이렇게 대답했다. 순간 나의 짧은 생각에 망치로 머리를 맞은 것 같은 충격과 미안함이 온몸으로 느껴지는 듯했다. '내가 화장실에 갔다가 이 자리를 다른 친구가 와서 앉으면 자리를 빼앗기는 거잖아요.'

정 원장은 이 말 한마디에 미국생활을 접었다 합니다. 어머니 뒤를 따르기로 했습니다. 작년 기준으로 여자 아이만 58명을 돌보고 있습니다. 정 원장은 작은 아이의 말 한마디에서도 하늘의 음성을 들을 수 있는 민감한 귀를 가졌습니다. 저는 그 점이 부럽습니다.

이 세상에서 잘 사는 것도 좋지만 보람되게 사는 것은 더 좋아 보입니다. 사색(思索)의 계절 가을이 깊어갑니다. 단풍놀이도 좋지만 인생을 되돌아보는 것은 더 좋은 일입니다. 사랑합니다. 여러분 모두를, 진심으로.

Chapter 4
감동과 감격

# 예배와 소

- 
- 
- 

몽골에서 사역하는 이용규 선교사란 분이 있습니다. 그가 선교사로 나가게 된 동기와 선교현장을 중심으로 쓴 책 〈내려놓음〉(부제 : 내 인생의 가장 행복한 결심)은 우리 크리스천들에게 적잖은 영향을 끼쳤습니다. 저도 두 번 정도 읽었습니다. 생생한 체험을 바탕으로 도전적 믿음을 일깨우는 좋은 책으로 기억됩니다. 이 책에는 다음과 같은 이야기가 있습니다.

2005년 봄, 이용규 선교사님은 자신이 섬기는 이레교회에서 개척을 시작한 베르흐 지역의 예배처소를 방문하여 예배를 인도하고 있었습니다. 그 동네의 벌러르 라는 자매가 예배시간에 땀으로 뒤범벅이 되어 예배당에 들어왔습니다. 그녀는 몇 달 전 기도를 통해 듣지 못하던 귀가 열린 자매였습니다. 몽골의 유목민으로 살아가는 그녀 가정 역시 소를 가지고 있었습니다. 그런데 예배 몇 시간 전에 소를 잃어버려 소를 찾으러 뛰어다니다가 예배시간이 임박한 것을 알고, 소를 버려두고 말씀을 들으려고 들판을 가로질러 달려왔다는 것입니다.

사정을 전해들은 선교사님은 소보다 예배를 택한 그 믿음의 결단을 부끄럽게 하지 말아달라고 그리고 하나님의 은혜로 소를 다시 찾을 수 있게 해달라고 간절히 기도하였습니다. 나아가 하나님의 명예가 땅에 떨어지지 않도록 기도하였습니다.

예배가 마치자마자 밖에서 소 울음소리가 들려왔습니다. 잃어버렸던 소가 제 발로 찾아온 것입니다. 신기하게도 잃었던 소가 집이 아닌 예배 처소로 먼저 찾아온 것입니다. 소보다 예배를 선택한 소녀 벌러르는 예배와 소, 두 가지를 모두 얻었습니다. 이 이야기를 전하면서 이용규 선교사는 오늘날 한국 교회에 소 대신 예배를 택하는 사람이 얼마나 되는지 독자들에게 묻고 있습니다.

제가 신학교에서 배운 예배(Worship)란 말은 본래 '가치'(Worth)란 말에서 유래된 것입니다. 이 세상에서 예배만큼 가치 있는 일이 없다는 뜻이며, 인간이 하나님께 드릴 수 있는 최고의 가치 있는 일이 예배란 말이기도 합니다. 그런데 예배가 취미생활이나 사소한 볼일은 물론이고, 날씨에게까지 밀려나고 있습니다. 이러한 현상은 여름철에 더 심한 것 같습니다. 소를 포기한 채, 벌판을 가로질러 달려오는 소녀 벌러르를 상상해 봅니다. 땀이 뒤범벅이 된 채, 숨을 몰아쉬며 예배의 자리에 앉아 있는 그녀를 생각해 봅니다. 순수한 예배열정(禮拜熱情)이 되살아나길 기도합니다.

Chapter 5
감동과 감격

# 하나님 전상서

- 
- 
- 

　전라남도 해남군 산정리 산골 마을에 한 소년이 태어났습니다. 아버지가 남의 집 머슴을 살며 끼니를 이어가는 가난한 가정입니다. 때문에 책읽기를 좋아하고 공부도 잘했지만 중학교에 갈 수 없었습니다. 초등학교를 졸업하고 아버지를 따라 지게도 지고, 풀도 베며 2년이란 시간을 보냈습니다. 하지만 해가 갈수록 배우고 싶은 열정은 억누를 길이 없었습니다. 중학교에 가고 싶었습니다. 더 배우고 싶었습니다. 그러나 눈물만 흘릴 뿐입니다. 세살 때부터 어머니를 따라 교회를 다녔지만 하나님은 멀리 있는 듯 했습니다.

　소년은 열다섯 살이 되던 1955년 여름성경학교에서 큰 은혜를 받았습니다. 그 뒤로 40일간 작정 기도를 드렸습니다. 달라진 것이 없자 하나님께 편지를 썼습니다. '하나님, 저는 중학교에 가고 싶습니다. 하지만 집이 가난해 갈 수가 없습니다. 저를 중학교에 보내주십시오. 굶어도 좋고 머슴살이를 해도 좋습니다. 제발 중학교에 보내주십시오.' 이런 내용의 편지였습니다. 자신의 주소는 적었지만 하나님의 주소는 알 길이 없었습니다. 겉봉에 큰 글씨로 '하나님 전상서' 라 적어 우체통에 넣었습니다.

한편 우편집배원 아저씨는 편지를 정리하다가 주소가 없는 하나님 전상서를 발견하였습니다. 난감해 하다가 하나님 전상서이니 하나님과 제일 가까운 사람에게 전해주는 것이 좋겠다 싶어 당시 해남읍교회 이준묵 목사님께 전해주었습니다. 목사님은 소년의 편지를 눈물로 읽었습니다. 소년을 불러 중학교에 보내주었습니다.

중, 고등학교를 우등생으로 마친 소년은 1962년 한국신학대학에 수석으로 입학하였습니다. 스위스 바젤 대학교에 유학하여 박사학위를 받고 84년 귀국 한국신학대학교 교수로 부임하여 지난 2000년에 제3대 총장에 취임하였습니다. 이 소년이 오영석 박사입니다.

우리 주변에 꿈, 곧 거룩한 소원없이 살아가는 사람들이 적지 않습니다. 꿈은 있다고 말하나 그 꿈을 기도로 연결하지 못하고 의기소침한 사람도 있습니다. 1955년 그 옛날 하나님 전상서를 썼던 소년은 지금 대

(총장에 취임하는 오영석 박사)

학교 총장이 되었습니다. 하나님은 우리의 거룩한 소원을 만족케 하시는 분입니다. 시들시들 풀죽어 살아가는 청소년이나 어른들이 이 사실을 기억했으면 좋겠습니다. 새벽마다 눈물로 하나님 전상서를 써 올렸으면 좋겠습니다.

Chapter 6
감동과 감격

# 어느 호적계 직원

1994년 일본에서 있었던 일입니다. 한 부부가 아들을 낳고 그 이름을 '악마(惡魔 · 아쿠마)'라 지었습니다. 그 아이의 아버지 사토 씨는 술집을 경영하는 사람으로 유령만화를 즐겨보다가 만화의 주인공 이름을 따서 그런 이름을 지었다고 합니다. 사토 씨는 이렇게 함으로 아들의 유별난 이름이 일본사회에서 뿐만이 아니라 세상에서 오래오래 기억될 것이라 생각했던 것입니다. 그는 출생 신고서를 작성하고 호적에 올리기 위해 시청을 찾았습니다.

문제는 시청 호적계 직원이 결사반대하고 나섰습니다. 악마라는 이름은 사회 규범에도 맞지 않을뿐더러 아이가 크면 조롱을 받을 수 있으니 반대 한다는 것입니다. 이에 대해 사토 씨는 내 아들 이름 내가 짓겠다는데 당신이 왜 간섭이냐고 맞섰습니다. 결국 두 사람의 주장이 팽팽히 맞서다 법적인 소송까지 벌이게 되었습니다. 1심 법원은 나쁘긴 하지만 아들의 이름을 지을 권리는 아버지에게 있다고 판결하여 사토 씨의 손을 들어주었습니다. 사토 씨는 쾌재를 불렀습니다.

호적계 직원은 여기서 물러서지 않았습니다. 그는 즉시 상급법원에 항소하였습니다. 이쯤 되자 고등법원이 열리기도 전에 사토 씨가 손을 들고 말았습니다. 아들 이름파문이 재차 법정에 올라가고 그로인해 사회문제가 확대된 것보다 그를 손들게 만든 것은 따로 있었습니다. 그것은 남의 일인데도 발 벗고 나서 만류하는 그 호적계 직원의 열정 때문이었습니다. 사실 곰곰이 생각해 보니 호적계 직원은 사토 씨 아들의 장래를 위해 자기 돈을 써가며 수고하고 있었던 것입니다.

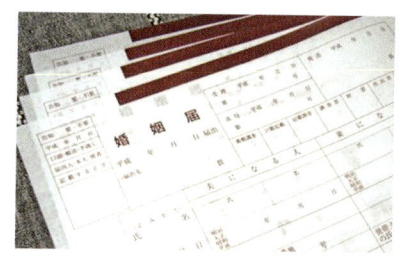

우리 시대는 속된 표현을 빌려 말하자면 남이야 전봇대로 이를 쑤시든 말든 프라이버시(Privacy, 개인의 사생활이나 사적인 일, 또는 그것을 남에게 간섭받지 않을 권리)라는 이름으로 방관(傍觀)에 전염되어 있습니다. 성경은 방관이 아닌 관심을 가져야 한다고 가르칩니다.(히10:24)

금주는 우리 주변 믿음의 형제자매들이 어디서 무엇을 하는지 돌아보면 좋겠습니다. 세상의 한복판에서 주님과는 상관없는 듯 살아가는 그분들을 어떻게 하면 좋을까요? 왜 남의 일에 간섭하느냐고 대들거들랑 이렇게 속삭여 주십시오. 우리는 남이 아니라 형제요, 간섭(干涉)이 아니라 관심(關心)이라고.

Chapter 7
감동과 감격

# 하지만 저는 크리스천입니다

- 
- 
- 

    미국에서 출생한 린드버그(Lindbergh 1902-1974)는 비행기를 좋아하는 소년이었습니다. 처음엔 위스콘신대학에서 공부하였지만 비행기에 대한 애착을 포기할 수 없어 2년 만에 링컨 비행학교로 옮겼습니다. 그 후 육군비행학교를 거쳐 드디어 꿈꿔오던 비행사가 되었습니다. 당시 그는 항공우편 조종사였습니다.

    그가 25세 되던 해 대서양 횡단에 도전하였습니다. 1927년 5월 20일 아침 뉴욕 루스벨트 비행장을 출발하여 33시간 30분만인 다음날 21일 밤 파리에 도착하였습니다. 이것은 세계최초의 '무착륙 단독 대서양 횡단 비행' 이었습니다. 그는 하룻밤 사이에 미국뿐만이 아니라 아메리카와 유럽대륙의 영웅이 되었습니다. 연일 그와 관련한 특별보도가 빗발쳤습니다.

    이 무렵 린드버그가 영국을 방문하게 되었습니다. 그가 가는 곳마다 취재하려는 사람들과 환호하는 사람들로 교통이 마비될 지경이었습니다. 며칠이 지난 뒤 그가 묵고 있는 호텔에 한 사람이 찾아왔습니다. 영국에서 담배를 생산하는 회사의 회장이었습니다. 그 회장은 린드버그에게 한 가지를 제안하였습니다. 자기 회사의 담배 한 개비를 들고 광고사진을 찍어주면 5만 달러를 주겠다는 것입니다. 당시 5만 달러는 상상을 초월하는 거액이었습니다. 린드버그는 그 제안에 이렇게 말했습니다. '그렇게까지 생각해 주시니 감사합니다. 하지만 저는 크리스천입니다.' 당시 청교도 신앙은 담배를 금했습니다.

두 주전 중국의 한 청년이 인터넷 경매 사이트에 이렇게 글을 올렸습니다. '24살의 건강한 나의 영혼을 팝니다.' 이후로 0.1위안부터 경매가 시작된 후 59명이 참여하여 경쟁적으로 값을 올리다가 결국 그의 영혼은 681위안(약 9만 원)에 팔렸다고 합니다. 성경에도 비슷한 이야기가 있습니다. 배가 고픈 에서가 죽 한 그릇에 자신의 장자명분(長子名分)을 팔아버렸다는 이야기(창세기 25:33)입니다.

배가 고프면 결혼반지도 팔아버릴 수 있습니다. 대대로 내려오는 가보(家寶)도 팔아버릴 수 있습니다. 하지만 아무리 배가 고파도 크리스천으로서 팔지 않아야 할 것이 있습니다. 아무리 돈을 많이 준다 해도 우

(영국공항에 착륙하는 린드버그)

리에겐 팔지 않아야 할 것이 있습니다. 우리 주변에 신앙도 양심도 너무 쉽게 팔아버리는 사람들이 있습니다. 이러 분들이 사진 한 장의 5만 달러 제안에 린드버그가 했던 말을 되새겨 보았으면 좋겠습니다. '하지만 저는 크리스천입니다' 하며 거룩한 자존심을 지켰으면 좋겠습니다.

Chapter 8
감동과 감격

# 마부 일을 더 잘하는 것입니다

서울시 중랑구 중화1동에는 최근 100주년을 지낸 '경동제일교회' 가 있습니다. 경동제일교회는 1904년 3월 9일 미국 선교사 하운셀(C. G. Hounshell)과 한국인 전도자 박씨 부인이 세운 교회입니다. 당시 첫 신자인 최승렬 댁에서 봉화현교회로 설립되었습니다. 훗날 봉화현교회는 경동제일교회로 이름을 바꾸어 오늘에 이르고 있습니다.

그 교회 초창기 영수(한국교회 초기에 장로직이 있기 전 장로역할을 했던 직분)가운데 엄 씨 성을 가진 영수가 있었습니다. 그 분은 왕손(王孫)의 마부(馬夫)로 일을 하고 있었지만 성실하고 믿음이 참 좋으신 분이셨습니다. 하루는 왕손을 모시고 지방 여행을 떠났습니다. 여행 중이라 모시는 왕손과 조용한 시간을 가질 수 있게 되었고 그는 이를 전도의 기회로 삼았습니다.

엄 영수가 이런 저런 얘기를 하다 넌지시 전도의 말문을 열었습니다. '나으리, 예수 믿으시면 좋습니다. 예수 믿으시지요?' 이 말을 들은 왕손은 마부에게 빈정거리며 반문하였습니다. '그래 예수 믿으면 너 같은 상놈이 양반이라도 된단 말이냐?' 이때 마부인 엄 영수는 침착하게 이렇게 대답하였습니다. '나으리, 예수님을 믿는 도리(道理)는 그런 것이

아닙니다. 제가 마부 노릇을 더 잘해야 하는 것입니다.'

비천한 마부로만 생각했던 왕손은 내색은 안했지만 속으로 충격을 받았습니다. 훗날 그 일이 계기가 되어 왕손은 예수님을 믿게 되었습니다. 예수님을 믿는데서 더 나아가 신학을 공부하고 목사가 되었습니다. 지금 서울 종로구 인사동에 위치한 승동교회의 초창기 목사가 되었습니다.

비천한 마부이면서도 왕손을 부러워하지 않는 그의 삶이 부럽습니다. 마부이면서도 왕손에게 당당히 예수님을 전했던 그의 용기도 부럽습니다. 마부 엄 영수는 왕손이 입은 옷이나 화려한 마차보다는 왕손의 가련한 영혼을 바라보는 신령한 눈을 가진 사람이 틀림없습니다. 그렇지 않다면 그는 왕손 앞에 주눅이 들어 입이라고 뻥긋할 수 없었을 것입니다.

우리는 지금 교회적으로 119운동(한 사람이 한 사람을 구원하는 운동)에 힘을 기울이고 있습니다. 감사한 것은 우리 교회에도 많은 분들이 마부 엄 영수의 눈을 가지고 있다는 것입니다. 세상 사람들의 화려한 모습 앞에 주눅이 들지 않고 오히려 불쌍히 여겨 당당히 서는 모습에 저는 감동하고 있습니다. 저는 소망합니다. 우리 교회 마부들의 수고로 VIP초청축제에 왕손(王孫)이 변하여 목사(牧師)가 되는 신비한 일들이 있어나길 소망하고 있습니다.

Chapter 9
감동과 감격

# 교수를 기다리는 하치

1924년 도쿄 근교 시부야에 살고 있는 동경제국대학 우에노 교수댁에 강아지 한 마리가 선물로 들어왔습니다. 아키다에 살고 있는 제자가 보낸 것입니다. 우에노 교수는 강아지를 기르며 뒷다리가 팔(八)자 모양이라 이름을 하치(일본어로 8이란 숫자)라 불렀습니다. 그 후 교수의 극진한 사랑을 받고 성장한 하치는 전차를 타고 출근하는 우네노 교수를 시부야 역까지 배웅하고 퇴근 무렵이면 항상 역에서 기다렸습니다.

그러던 어느 날 그 날도 하치의 배웅을 받고 전차에 오른 우에노 교수는 강의하던 중 심방마비로 한 마디 유언도 없이 세상을 떠났습니다. 1925년 5월 25일입니다. 영문을 알지 못하는 하치는 그 날도 어김없이 시부야 역에서 교수를 기다리고 있습니다. 북적대는 많은 인파속에서 밤늦게까지 교수를 기다립니다.

문제는 다음날도 그리고 그 다음날도 시부야 역에서 우에노 교수를 기다립니다. 눈이 오나 비가 오나 역에 나와 하염없이 기다립니다. 안타까워하는 가족들이 나가지 못하도록 가두어도 어느새 탈출하여 시부야 역 광장에 나가 있습니다. 무려 10년 동안이나 시부야 역의 출입문을 응시하며 우에노 교수를 기다렸습니다.

　이 사실이 아사히신문에 의해 세상에 알려지자 사람들이 동정하게 되었고, 사람들의 주선으로 하치의 아름다운 기다림을 기리기 위해 1934년 4월 21일 하치의 동상을 시부야 역에 건립하게 되었습니다. 그로부터 1년이 지날 무렵 1935년 3월 7일 그 날도 하치는 노쇠한 몸으로 시부야 역에 나왔고 흰 눈이 펑펑 내리는 그날 하치는 눈을 감았습니다. 17개월 동안의 만남을 기억하며 10년을 기다려 온 하치는 그렇게 세상을 떠났습니다. 하치의 시신은 박제되어 일본 국립과학박물관에 보관되어 있으며, 그 후 일본과 미국에서 영화로 만들어 상영되기도 했습니다. 2009년 미국에서 개봉된 〈하치이야기〉의 부제(副題)는 '사람보다 아름다운 녀석의 약속'이라 적고 있습니다.

　한 해가 저물어 갑니다. 저물어 가는 수만큼 정비례(正比例)하여 우리의 '기다림'이 희미해지는 느낌입니다. 과학 문명이 빠른 세상을 만들었고, 우린 거기 익숙해졌으니 우리 안에 기다림이 자리를 잡을 틈이 없어

(시부야 역의 하치 동상)

보입니다. 크리스천에게도 차분히 그리고 잠잠히 기다린다는 것은 꿈에서나 가능한 일이 되어가는 듯합니다. 예수님은 다시 오신다고 하셨습니다. 지금도 시부야 역에서 동상으로 남아 우에노 교수를 기다리는 하치를 보며 우리의 기다림을 되짚어 봅니다.

Chapter 10
감동과 감격

# 이디트의 힘

- 
- 
- 

가이드포스트(Guideposts)는 1945년 미국에서 창간된 크리스천 교양잡지입니다. 오래전 거기에 실린 이야기를 소개합니다. 미국 메사추세츠에 사는 칼 테일러와 아내 이디트는 결혼 후 23년간 행복하게 살았습니다. 그러다 1960년 남편 테일러가 일본 오키나와 군용공장으로 파견되었습니다. 몇 달 파견이라고 들었습니다. 그러나 일이 많아져 몇 년 머물게 되었습니다. 처음에는 편지와 전화가 자주 오다 뜸하더니 충격적인 소식이 날아왔습니다. '이디트, 이제 당신과 이혼하고 싶소.' 알고 보니 하숙집의 가정부 19살 된 아이고와 동거하고 있었습니다.

아내 이디트는 편지를 받고 기절할 번하였습니다. 그러나 마음을 가다듬고 남편 입장에서 생각해 보았습니다. '직장에서 일은 고되고 집에 돌아오면 피곤해서 지쳐있었을 터인데 나는 옆에 없었다. 가정부가 정성을 다해 보살펴 주었을 것이다. 몇 년을 그렇게 하다 보니 사랑스러워진 것이 당연한 것이 아닌가? 그래도 몇 년 동안 나를 생각하고 버텨준 남편이 오히려 대견스러운 것이 아닌가? 남편은 지금까지 결코 경솔하지 않았다. 이혼까지 생각하였을 때 남편은 얼마나 고민하였고 얼마나 망설이었을까?' 역발상이었습니다. 또 생각해 보니 가정부는 19살입니다. 50살이 훨씬 넘은 남편이 19살 여인과 사랑한다면 길지 못할 것이라 생각이 들었습니다. 그녀는 원망하지 않고 끝까지 사랑한다고 답장을 보냈습니다.

　남편이 아이고 사이에서 딸을 낳자 선물을 보내 주었습니다. 1년이 지나 두 번째 딸을 낳자 또 선물을 보내주었습니다. 그러던 어느 날 남편이 암으로 죽어간다는 편지가 아이고로부터 왔습니다. 얼마 후 남편은 죽었습니다. 아이고는 경제적으로 두 딸을 공부시키고 기를 수 없었습니다. 그때 그녀는 두 딸을 보내주면 미국에서 기르겠다고 편지를 보냈습니다. 처음엔 거절했던 아이고도 두 딸을 미국으로 보냈습니다. 54살이 된 아내 이디트는 5살, 3살 두 딸을 호적에 올리고 어머니가 되었습니다.

　일본의 아이고가 병이 들었습니다. 이디트는 아이고에게 초청장을 보냈습니다. 치료보다 친딸을 보여 주려했기 때문입니다. 뉴욕 비행장에서 아이고를 보는 순간 달려가 껴안았습니다. 함께 울었습니다. 같이 살자 하면서 이렇게 말했습니다. '하나님은 내가 사랑하는 한 명을 데려 가셨습니다. 그러나 내가 사랑할 세 사람을 주셨습니다. 하나님께 감사드립니다.'

　고난주간입니다. 교회마다 높이 내걸은 '십자가'를 깊이 묵상하는 특별주간입니다. 동시에 자신을 돌아보는 성찰의 특별주간입니다. 십자가, 그것은 결국 허물을
감싸 안는 사랑이 아닐까요? 조용히 그대에게 묻습니다. 아내 이디트의 힘은 어디서 온 것일까요? 십자가가 아닐까요? 그대가 감싸 안아야 할 세 사람은 누구누구 입니까? 고난주간에 감싸 안아보면 어떨까요? 그대의 신앙경력에 비해 아직도 무리일까요? 혹시 신앙경력이 부족해서가 아니라 껍데기 십자가를 붙잡고 있기 때문이 아닐까요?

Chapter 11
감동과 감격

# 그 이상을 가르쳐야 한다

지난달 초 미국 오하이오 주(州) 한 고교운동장에서 웨스트 제퍼슨 고등학교와 브릭스 고등학교의 여자 축구 경기가 있었습니다. 사건은 전반전이 끝나고 하프타임 시간에 벌어졌습니다. 10분 하프타임은 전반전을 평가하고 교체할 선수는 없는지 그리고 새로운 작전을 짜야하는 숨 가쁜 시간입니다. 이 하프타임 시간에 웨스트 제퍼슨 고교 감독이 브릭스 고교 감독을 은밀히 만나자며 찾아왔습니다. 웨스트 제퍼슨 팀에는 질리안 바톤(3년, 19세) 이라는 선수가 있습니다. 그녀는 다운 증후군을 앓는 소녀입니다. 아이들과 자연스럽게 어울리기를 바랐던 어머니의 주선으로 축구를 시작하게 되었습니다.

지난해는 뇌졸중으로 오른쪽 몸이 마비되는 증상까지 있었지만 오히려 뇌졸중을 극복하고 축구를 계속하고 있었습니다. 제퍼슨 고교 감독의 은밀한 만남은 바로 그 바톤 때문이었습니다. 그는 상대 감독에게 말했습니다. '바톤은 3년 동안 축구에 열정을 쏟아왔습니다. 그에게 축구가 없었다면 오늘의 그는 없었을 것입니다. 졸업을 앞두고 추억과 희망을 주고 싶습니다.' 상대 감독은 고개를 끄덕이며 돌아갔습니다. 자기 팀 선수들을 불러 후반전 마지막 5분을 남겨 놓고 펼칠 특별한 작전을 지시하였습니다.

경기 종료 4분을 남겨 놓고 드디어 바톤 앞에 공이 떨어졌습니다. 그것은 바톤이 고교 축구선수 생활을 하며 통산 3번째로 잡는 공이었습니다. 바톤이 드리볼을 하자 상대 선수들은 은근히 따라잡지 못하는 듯했습니다. 마침내 바톤이 슈팅을 하는 순간 상대 골기퍼는 반 박자 느리게 다이빙하였고 골은 골망을 갈랐습니다.

바톤의 생애 첫 골이 들어가는 순간이었습니다. 사실 제퍼슨 감독이 바톤에게 한골을 주면 대신 한 골을 내주겠다고 했답니다. 그 때 브릭스의 해더 스템프 감독은 정중히 거절하며 이렇게 말했습니다. '스포츠는 스포츠 그 이상을 것을 가르쳐야 한다.'

사회 각계각층에서 '그 이상의 것'을 가르치지 못해 세상은 어두워가고 있습니다. 학교(학원)에서 지식 그 이상의 것을 가르칠 수 있었으면 좋겠습니다. 예술가들이 예술 그 이상을 것을 가르쳤으면 좋겠습니다. 기업체에서 사업수단 그 이상의 것을 가르쳤으면 좋겠습니다. 물론 교회에서도 종교 활동 그 이상의 것을 가르쳐야 합니다. 한 무명 축구감독이 남긴 '스포츠는 스포츠 그 이상의 것을 가르쳐야 한다'는 말이 왜 이리 가슴을 파고드는지 모르겠습니다.

PART 3

# 예수님과 50만 원

(신앙과 예배)

*Faith and worship*

- 예수님과 50만 원
- 주일에는 뛰지 않습니다
- 소똥 십일조
- 3달러를 주신데요
- 양식문제인가 믿음문제인가
- 사공의 질문
- 검은 송아지 죽이기
- 장군의 선약
- 한 가지가 더 필요하다
- 할머니의 바늘찾기
- 긍정과 부정
- 사진 두 장과 공간

Chapter 1
신앙과 예배

# 예수님과 50만 원

지난 주간에 읽은 이야기입니다. 어느 목사님이 미국에 집회를 인도하러 가셨는데 그 교회 담임목사님과 식사를 하러 갔습니다. 해변에 있는 근사한 식당인데 그 식당 입구에 어떤 여성사진이 걸려 있었습니다. 담임목사님은 식당 주인이 자기교회 집사이며 입구의 사진은 집사님의 어머니라 했습니다. 남편이 일찍 돌아가신 후 플로리다로 이사와 작은 식당을 시작했는데 정성껏 손님을 섬기다 보니 식당이 잘되었다고 합니다. 오랜 노력 끝에 아름답고 큰 식당을 개업할 준비를 하는 중에 어머니가 병으로 눕게 되어 오픈 하는 것을 보지 못하고 세상을 떠났다고 합니다.

그 어머니가 아들에게 두 가지 유언을 남겼는데 첫째는 사업보다 인생의 주인이신 하나님을 더 귀히 여기는 믿음의 삶을 살고. 둘째는 이 식당에서 술은 팔지 않았으면 좋겠다는 것이었습니다. 아들은 어머니의 유언을 잘 받았습니다. 처음에는 술을 팔지 않는다고 협박받는 등 말썽이 있었지만 그 사람들에게 어머니의 사진을 가리키며 어머니의 유언이라고 하니 그냥 가더랍니다. 감동을 받은 강사 목사님께서 식사 후에 그 사진을 바라보니 사진 밑에 이렇게 쓰여 있었답니다. '어머니의 미소는 저의 추억입니다. 어머니의 사랑은 저의 용기입니다. 어머니의 말

씀은 저의 등불입니다. 어머니의 기도는 저의 능력입니다. 어머니의 주님은 저의 주님입니다.'

역시 지난 주간에 읽은 이야기입니다. 교회중직자 중 한 사람이 있었습니다. 아들은 중학교 2학년 딸은 대학 1학년 이었습니다. 당시 그는 모 회사의 전무로 있었습니다. 다음 주일에 회사 간부들의 야유회가 잡혔습니다. 참석치 않는 자는 50만 원의 벌금을 내야 했습니다. 주일을 지키지 않고 야유회에 참석할 것인가? 참석하지 않고 50만 원을 낼 것인가? 그는 고민에 빠졌습니다. 아내와 상의를 했더니 펄쩍 뛰면서 50만 원이 얼마나 큰 돈인데 하며 야유회에 가야한다고 우겼습니다.

50만 원이면 적지 않은 돈인데 그렇다고 이 50만 원 때문에 중직자인 내가 주일을 버릴 것인가? 아니면 50만 원을 버릴 것인가? 여전히 난감해 하고 있을 때 옆에 있던 중학교 2학년 아들이 말했습니다. '아버지! 예수님이 50만 원보다 못합니까? 그것 때문에 고민하시는 아버지의 신앙관이 의심스럽고요, 어머니의 신앙관은 더 의심스럽습니다.' 그 중직자는 아들의 말이 아들의 말같이 들리지 않았답니다. 하나님이 하시는 말씀같이 들려서 흔들렸던 마음을 얼른 바로 잡았습니다. 벌금 50만 원을 냈다고 합니다. 그날 예배는 평소와 다른 놀라운 은혜를 누렸다고 합니다.

부모가 자녀에게 때론 자녀가 부모에게 전하는 말 가운데도 하나님의 음성이 있습니다.

Chapter 2
신앙과 예배

# 주일에는 뛰지 않습니다

에릭 리들(Eric Riddle)은 1902년 중국 천진에서 스코틀랜드 선교사의 아들로 태어났습니다. 중국에서 먼 거리를 걷고 달리던 습관 때문인지 어린 시절부터 육상에 탁월한 재능을 보였습니다. 에딘버러 대학에 입학한 뒤 본격적인 육상선수로서의 명성을 날렸습니다. 스코틀랜드는 물론이거니와 영국의 단거리 육상대회를 모조리 휩쓸었습니다. 주 종목은 100m이며 당당히 국가 대표가 되었습니다. 1924년 제8회 파리올림픽이 있었습니다. 기록으로 보아 에릭은 100m 금메달 유망주였습니다.

100m 예선 일정이 발표되었습니다. 7월 6일 주일 오후 3시와 5시였습니다. 그는 일정표를 보자 '저는 주일에는 뛰지 않습니다' 하며 경기를 포기하였습니다. 기대를 걸었던 영국인들은 '편협하고 옹졸한 신앙인', '조국의 명예를 버린 위선자'라고 비난을 쏟아 부었습니다. 그럼에도 에릭은 근교 스콧츠 커크(Scats Kirk) 교회에서 평소처럼 주일 예배를 드렸습니다.

자신의 주 종목 100m를 포기한 에릭은 200m에 출전하여 동메달을 땄습니다. 이번엔 중거리 400m에도 출전하게 되었습니다. 사실 단거리 선수가 400m를 뛴다는 것은 들러리였습니다. 이미 예선에서 스위스의 '임바흐' 미국의 '피치' 같은 선수들이 세계신기록을 세우면서 우승후보로 떠올랐습니다.

400m 결승의 날이었습니다. 총성과 함께 에릭은 신들린 사람처럼 첫 코너를 돌았습니다. 전문가들은 저 속도로 달리다 쓰러져 죽을지 모른다고 하였습니다. 에릭의 스피드는 떨어지지 않았고 47초 6이라는 세계신기록으로 금메달을 목에 걸었습니다. 우승 비결을 묻는 기자에게 이렇게 말했습니다. '처음 200m는 제 힘으로 달렸고 나머지 200m는 주님의 도우심으로 달릴 수 있었습니다.'

그 후 에릭은 올림픽의 명성과 명예를 뒤로하고 24세의 젊은 나이로 아버지와 형의 뒤를 이어 중국 선교사로 남은 생애를 헌신하였습니다. 그의 일대기는 1981년 〈불의 전차, Chriots of Fire)〉라는 제목으로 영화화 되어 그해 아카데미 최우수상을 받았습니다.

우리 시대는 주일이 잘 지켜지지 않는 것 같습니다. 불안정한 경기에 주가가 폭락하듯 계절이나 날씨에 따라 주일예배 출석률이 요동치는 것을 보면 마음이 아픕니다. 저의 이 아픔이 에릭 이야기를 쓰게 만들었습니다. 지난 주일 출석률이 현저히 떨어졌습니다. 해마다 여름이면 어김없이 나타나는 현상입니다. 저는 모든 크리스천들이 에릭처럼 똑같이 주일을 지켜야한다고 말하고 싶지 않습니다. 다만 주일성수를 금메달보다 소중히 여겨주길 기대합니다. '주일에는 뛰지 않습니다' 하는 신념으로 살아가길 소망합니다.

Chapter 3
신앙과 예배

# 소똥십일조

　미국 하버드대학교 출신으로 세상 명예와 출세를 뒤로하고 오지(奧地) 몽골로 떠난 이용규 선교사님을 모르는 분이 거의 없을 것입니다. 작년에 몽골에서 인도네시아로 선교지를 옮겼지만 〈내려놓음〉〈더 내려놓음〉에 이어 최근 〈떠남〉이란 책은 몽골사역의 이야기들 담고 있습니다. 이 책들은 독자들로 하여금 신선한 감동을 줍니다. 이용규 선교님이 〈소똥십일조〉라는 재미있는 간증을 하셨습니다.

　몽골교회 주일예배 때였습니다. 말씀을 마치고 헌금을 드리는 시간이 되었습니다. 그때 한 성도님이 손을 높이 들더니 질문이 있다고 했습니다. '선교사님, 아무거나 십일조해도 되는 겁니까?' '그럼요, 하나님께 받은 모든 것의 십일조를 드리면 되는 겁니다.' 그 성도님은 대단히 기뻐했습니다. 헌금 시간이 되었습니다. 그런데 그 성도님이 큰 자루 하나를 들고 나오는 것이었습니다. 작은 헌금 바구니에 도저히 넣을 수 없었기 때문에 헌금 바구니 옆에 두었는데 목사님은 그것이 무엇인가해서 자루를 풀어 들여다보았습니다. 내용물은 뜻밖에 소똥이었습니다.

　몽골에서 소똥은 아주 소중한 것입니다. 겨울이 되어 벽에 소똥을 바르면 난방효과가 탁월하다고 합니다. 게다가 소똥은 8월 중순부터 6월

초까지 눈이 펑펑 쏟아지는 몽골에서는 땔감으로도 아주 유용하게 쓰이고 있습니다. 겨울을 나려면 적어도 26만 원 가량의 난방비가 필요한데 몽골에서 신입선생님의 월급이 4만 5천원이니 땔감비가 보통 문제가 아닌 것입니다. 정말 그 나라에서 소똥은 참으로 귀한 것입니다.

소똥 냄새가 예배당에 진동하기 시작했습니다. 그 때 선교사님께서 말씀하셨습니다. '다함께 기도합시다.' '소득의 십일조를 드린 이 성도님의 가정에 만 배의 축복을 허락하옵소서. 예수님의 이름으로 기도 드립니다. 아멘.'

그런데 놀라운 일이 다음날부터 시작되었습니다. 그 마을의 모든 소들이 그 성도님 집 앞에 몰려와 볼일을 보더라는 것입니다. 계속해서 소똥이 쌓여 갔습니다. 그 해 그 성도님은 엄청난 소똥 덕분에 땔감비가 전혀 들지 않았다고 합니다. 그리고 남은 소똥은 이웃에 팔아 생활비를 벌었다고 합니다. 하나님께서 그 성도의 순수한 십일조 헌신을 기쁘게 받으신 것입니다.

구약성경 말라기에 하나님을 시험할 수 있는 유일한 방법을 '온전한 십일조를 드림으로 하나님께서 축복하지 않으시나 시험하여 보라'고 하십니다. 비록 적고 보잘 것 없어도 소득의 십일조를 온전하게 드리면 하나님께서 축복해 주시겠다고 약속하셨습니다.(말3:10) 하나님은 소똥십일조도 기쁘게 받으십니다. 그리고 복을 주십니다. 좋으신 하나님을 찬양합니다.

Chapter 4
신앙과 예배

# 3달러를 주신데요

미국에서 한인교회를 섬기는 젊은 목사님이 있었습니다. 목사님에게는 아들을 따라 미국으로 건너와 살고 있는 부친이 계셨는데 아직 믿음이 별로 없었습니다. 그래서 주일이면 예배당에 나오지만 설교시간만 되면 무슨 말인지 지루하기 짝이 없었습니다. 그러다보니 졸기 일쑤였습니다. 졸뿐만 아니라 맨 앞자리에 앉아 심하면 코까지 골면서 아예 주무시는 모습까지 연출되곤 했습니다. 이런 부친 때문에 아들 목사는 설교하기도 힘들었고 교인들 보기가 무척 민망하였습니다. 집에 오면 번번이 부탁을 드리면 알았다고 하지만 다음 주일이면 또 그러십니다.

고민하던 아들 목사님에게 좋은 아이디어가 떠올랐습니다. 목사님은 교회에 잘 나오는 꼬마에게 부탁을 했습니다. '주일 낮 예배 때 맨 앞에 앉으시는 할아버지 옆에 앉아서 설교시간에 조시면 흔들어 깨워드려라. 그러면 매 주일 1달러씩 수고비를 주겠다.' 고 약속했습니다. 이후로 정말 몇 주일이 지나도록 부친은 졸수가 없었습니다. 졸라치면 아이가 흔들어 깨우고 또 깨웠습니다. 그렇게 해서 몇 주 동안 목사님 아버지는 졸지 않고 예배를 잘 드렸고, 아들 목사는 설교를 잘 할 수 있었습니다.

그런데 몇 주일 지난 어느 주일날 설교시간에 부친이 꾸벅꾸벅 졸고 있는데도 옆에 앉아있는 꼬마는 깨울 생각을 하지 않는 것이었습니다. 또 다시 신경이 쓰인 목사는 그날 설교를 망쳤고 예배 후 꼬마를 불러 물었습니다. '할아버지가 조시는데 왜 깨우지 않았니?' 꼬마가 뒷머리를 극적이며 말했습니다. '할아버지께서 깨우지 않으면 3달러를 주신데요.'

〈3달러를 주신데요〉 이것이 돈의 힘입니다. 소수를 제외하고는 누구나 돈 앞에서 약해집니다. 돈 때문에 약속이 바뀝니다. 인사가 바뀝니다. 시선이 바뀝니다. 친구가 바뀝니다. 직장이 바뀝니다. 돈 좋아하는 사람은 시편23편도 이렇게 부른다고 합니다.

돈은 나의 목자시니 내가 부족함이 없으리로다
그가 나를 푹신한 침대에 누이시며 달콤한 술집으로 인도하시는도다
내 탐욕을 소생시키시고 자기 이름을 위하여 타락의 길로 인도하시는도다
내가 화려한 명품관 사이로 다닐지라도 위축되지 아니함은
돈이 나와 함께 함이라 로또와 뇌물이 나를 안위하시나이다
돈이 내 바이어의 목전에서 내게 접대상을 베푸시고
폭탄주로 내 머리에 부으셨으니 내 잔이 넘치나이다
나의 평생에 욕망과 정욕이 나를 따르리니
내가 졸부의 집에 영원히 거하리로다

돈의 힘을 무시하는 것은 아니지만 선을 분명히 그어야 할 일이 있습니다. 여호와 그 분이 우리 목자이십니다. 그렇습니다. 그 돈이 아닌 그 분을 따라가면 좋겠습니다. 세상이 변하고 가치가 달라져도 그 분을 목자삼아 가면 좋겠습니다.

Chapter 5
신앙과 예배

# 양식문제인가? 믿음문제인가?

몇 년 전에 효도관광차 교회 어르신들을 모시고 여수 애양원교회과 손양원목사 기념관을 둘러본 적이 있습니다. 지금도 기억납니다. 기념관에 걸린 첫 사진은 두 아들의 장례식 장면을 찍은 것입니다. 무참히 살해된 두 아들 동인(23세), 동신(18세)을 앞세우고 손 목사님은 '영광일세 영광일세' 찬송하며 따라갔다고 기록하고 있었습니다.

손 목사님의 유품이 전시된 곳에서 옥중편지를 읽어보았습니다. 정양순 사모님께 보낸 것인데 편지의 일부는 이렇게 적혀 있었습니다.

> 쌀로서 살지 않고 하나님의 말씀으로 살게 되는 인간이
> 곡식이 없어 죽지는 않겠고 의인이 굶어 죽지 않는다 하였으니…. (중략)
> 우리가 매일 드리는 주께서 가르치신 기도문대로 '일용할 양식을 주옵소서' 라고
> 날마다 간구한다면 굶어 죽지 않을 것은 사실이겠나이다.
> 그러니 문제는 우리에게 이런 믿음이 있는가가 문제요…. (후략)

손 목사님은 5년 가까이 여수, 광주, 경성, 청주 등을 전전하며 옥살

이를 하셨습니다. 신사참배 반대 때문이었습니다. 당시는 1940년대였습니다. 몹시도 배고픈 시대였습니다. 게다가 긴 옥살이로 인해 사모님과 자녀들은 얼마나 힘들었겠습니까? 아마 사모님의 눈물겨운 소식을 듣게 된 목사님의 답신이리라 생각됩니다.

6·25당시 교회성도들은 손 목사님께서 동료들과 피난가시라고 배를 준비하였답니다. 억지로 배에 태우기도 하였지만 애양원 가족들(나병환자)과 함께하겠다고 마다하셨답니다. 결국 1950년 9월 13일 강단 뒤에서 새벽기도 하시던 중 체포되셨습니다. 퇴각하는 인민군에 의해 그해 9월 28일 총살당하셨습니다. 이제 손양원 목사님은 이 땅에 계시지 않습니다.

여기저기서 모두들 경제가 어렵다고 합니다. 먹고살기 힘들다고 합니다. 죽겠다고 합니다. 이런 신음소리를 들으면 손 목사님이 남기신 옥중서신의 한 소절을 떠올려 봅니다. 우리의

(순교기념관에 전시된 옥중편지들)

박한 현실이 '양식문제' 인가 아니면 '믿음문제' 인가?

Chapter 6
신앙과 예배

# 사공의 질문

- 
- 
- 

　오래 전 일본의 저명한 학자가 어느 날 나룻배로 강을 건너게 되었습니다. 꽤 넓은 강이라 시간이 길어지자 무료해진 학자는 사공에게 말을 건넸습니다.
　'사공 양반, 희랍의 철학자 플라톤을 아시오?'
　'아이고, 제가 그런 분을 어찌 알겠습니까?'
　'그래요? 플라톤의 철학을 모르는 당신은 인생의 절반을 잃어버린 거나 마찬가지요. 그는 대단히 훌륭한 철학자였어요.'
　'그럼 프랑스라는 나라가 어디쯤에 있는지는 아시오?'
　'웬걸요. 그런 것을 제가 알 수 있나요.'
　'참으로 안됐군, 당신은 나머지 인생의 4분의 1을 잃어버렸소. 프랑스는 유럽에 있어요. 세계에서 가장 아름다운 예술의 나라이지요.'
　계속 모른다는 사공에게 학자는 자꾸 난감한 질문을 했습니다.
　'그럼 그림에 대해서는 뭐 좀 압니까?'
　'학자 어른, 전 그런 것 다 모릅니다.'
　계속 질문을 퍼붓던 학자는 불쌍하다는 듯이 사공을 쳐다보았습니다.
　그러던 중 배가 강어귀에 다다랐을 때 쯤 갑자기 불어친 바람 때문에 그만 배가 뒤집어졌고 두 사람은 물에 빠졌습니다. 이때 사공은 허우적거리며 안간힘을 쓰고 있는 학자에게 소리쳤습니다.

'학자 어른, 수영할 줄 아십니까?'

'어푸어푸, 난 수영할 줄 몰라요.'

'그렇다면 학자 어른은 목숨을 잃어버린 거예요.'

이 세상에서 플라톤, 프랑스, 그림을 다 알아도 예수님을 모르면 죽은 목숨입니다. 아는 것이 없고 가진 것이 없어도 예수님을 알면 생명을 얻습니다.

사오정이 군에 갔습니다. 훈련 받는데 말귀를 못 알아들으니 상관이 열 받아 연병장을 100바퀴를 돌라 했습니다. 사오정이 열심히 돕니다. 한 50바퀴 돌았을까요? 상관이 열심히 도는 그 모습 보고는 반성문 두 장 쓰고 들어오라고 했습니다. 그런데 반성문 100장 쓸 정도의 시간이 지났는데 안 들어옵니다. 상관이 나가보니 방독면을 두 개 쓰고 돌고 있었습니다. 말을 알아들을 줄 알아야 합니다. 하나님 말씀을 잘 알아들어야 합니다. 그래야 고생을 하지 않습니다.

Chapter 7
신앙과 예배

# 검은 송아지 죽이기

영국의 한 농가(農家)에서 있었던 일입니다. 한 농부가 애지중지(愛之重之) 키운 암소가 새끼를 낳고 있었습니다. 암소는 초산(初産)인 동시에 경험 많은 농부도 처음 보는 난산(難産)이었습니다. 여러 시간 괴성을 지르다 지쳐 쓰러져 버린 암소를 보며 농부는 불길한 예감이 들었습니다. '하나님, 우리 암소를 지켜주옵소서! 우리 암소에게 힘을 주옵소서!' 농부는 축사 앞에서 무릎을 꿇고 간절히 기도하였습니다. 짧은 기도였지만 신기하게도 암소는 일어서더니 마지막 죽을 힘을 다해 건강한 새끼를 낳았습니다. 그것도 흰 송아지와 검은 송아지 이렇게 쌍둥이를 낳았습니다.

농부의 기쁨은 이만저만이 아니었습니다. 아내에게 달려가 소식을 전하고 하나님의 은혜에 보답하기 위해 새끼 한 마리를 팔아 하나님께 바치기로 하였습니다. 농부의 쌍둥이 소는 무럭무럭 자라났습니다. 그러던 어느 날이었습니다. 아침 일찍 외양간을 찾아갔던 농부가 수심이 가득한 얼굴로 방안에 들어왔습니다. 영문을 물으니 어젯밤에 흰 송아지가 어미 소에 깔려 죽었다는 것입니다. 그런데 그 흰 송아지는 하나님께 바치려 했던 것이라 하였습니다.

아내가 물었습니다. '아니 당신은 지금까지 둘 중 어떤 것을 바치겠다고 한 번도 말하지 않았잖아요?' '사실 나는 속으로 흰 송아지를 바치려고 했어요. 그런데 그 흰 송아지가 죽었단 말이오.' 농부가 겸연쩍은 듯이 대답했습니다.

이 이야기 읽으며 또 하나의 이야기가 생각납니다. 주일 날 한 아이가 엄마로부터 동전 두 개를 받아들었습니다. 하나는 주일헌금으로 하나는 자신의 사탕 값으로 받은 것입니다. 집을 나서 교회로 가다가 그만 동전 하나를 떨어뜨렸는데 공교롭게도 하수구에 굴러들어가고 말았습니다. 아이는 중얼거렸습니다. '이를 어쩌나 하나님의 것이 빠져버렸으니 오늘은 헌금을 드릴 수가 없구나.' 아이는 남은 동전으로 사탕을 사먹었습니다.

보통 크리스천의 일상에서 환경이나 현실이 어렵게 되면 늘 죽는 것은 '하나님의 것'이 아닌가 생각합니다. 주일에 어떤 일이 생기면 죽는 것은 예배입니다. 경제적 생활이 어렵게 되면 죽는 것도 십일조 같은 헌금입니다. 시간이 부족하여 바쁘거나 피곤하면 언제나 죽는 것

은 기도시간이요 성경 읽는 시간입니다. 우리의 일상에서 '흰 송아지'가 아니라 '검은 송아지'를 죽이는 지혜가 필요합니다. 이런 자에게 하나님의 축복은 더할 것이기 때문입니다.

Chapter 8
신앙과 예배

# 장군의 선약

- 
- 
- 

하워드(Oliver Otis Howard, 1830. 11. 8~1909. 10. 26)는 미국 남북전쟁(1861~65) 당시 북군(北軍)의 장군으로 유명합니다. 육군사관학교를 졸업하고 남달리 군인정신이 강했던 그는 남북전쟁을 수행하며 오른 팔을 잃기도 하였습니다. 그는 북군을 승리로 이끈 최고의 장군이었습니다. 전쟁 후 그는 노예에서 해방된 흑인들을 위하여 힘을 쏟았습니다. 그들을 위해 종합학교와 기술훈련소를 설립하고 가르쳤습니다.

장군에 대한 이런 일화가 있습니다. 장군은 신앙이 독실한 크리스천이었습니다. 그가 전쟁 중 서부 해안지구 사령관을 맡게 되자 친구들은 영전(榮轉)을 축하하는 환송 만찬회를 열기로 했습니다. 그들은 장군을 깜짝 놀라게 해주려고 준비를 다 끝내 놓고 마지막에 그에게 알리기로 했습니다. 수요일 저녁으로 정하고 여러 곳에 초대장을 보내고, 대통령은 초대장을 보고 축하전문을 보내왔습니다. 드디어 장군에게 소식을 알렸습니다.

장군은 선약(先約)이 있다며 말했습니다. '미안하게 되었네. 사실은 수요일 밤에 다른 약속을 미리 해두었네.' 친구들이 말을 받았습니다. '하지만 이 사람아, 미국의 저명한 인사들이 많이 참석할 텐데…. 선약을 취소하면 안 되겠나?' 장군은 고개를 가로 저으며 '나는 크리스천이네. 나는 수요일 밤 예배시간에 꼭 주님을 만나 뵙겠다고 주님과 약속했다네. 어떤 것도 이 중요한 약속을 깨뜨릴 수 없다네.' 하는 수 없이 친구들은 만찬회를 하루 연기하여 목요일 밤에 개최했습니다. 그런데 많은 사람들은 그의 행동을 비난하지 않고 오히려 장군을 존경하였습니다.

들려오는 기상예보는 여름이 일찍 온다 합니다. 이미 여름이 온 듯합니다. 교역자로 교회공동체를 섬긴지 32년을 지내오며 언제나 반복되는 현상을 보았습니다. 겨울보다 여름에 예배 출석률이 현저하게 떨어진다는 것입니다. 분명 예배에 오지 못할 이유, 즉 하나님께서 이해해 주실 이유들이 있습니다. 궁금한 것은 하필 여름철만 되면 그 이유들이 불어나는 것일까요? 요즘 결석하는 일이 잦아졌다면 그 이유가 하나님과의 선약을 취소할 만큼 가치 있는 것인지 묻고 싶습니다.

선약이 있음에도 같은 시간에 다른 약속을 잡는다는 것은 둘 중 하나일 것입니다. 선약을 매우 시시한 약속으로 여기고 있거나 이중약속자로서 약속의 윤리를 모르는 성숙하지 못한 경우일 것입니다. 하워드 장군이 가슴에 담아 두고 살았던 선약에 대해 곰곰이 생각해 봅니다. 지구한 구석 이교(異敎)나 공산정권의 탄압아래 형벌을 담보로 선약의 예배 자리에 나와 있는 형제자매들을 생각해 봅니다.

Chapter 9
신앙과 예배

# 한 가지가 더 필요하다

#이야기 하나

어느 마을에 유명한 의사가 있었습니다. 그는 환자의 얼굴과 걸음만 봐도 어디가 얼마나 아픈지 알아내 처방을 하는 명의였습니다. 그런 그가 나이가 들어 세상을 떠나게 되었습니다. 죽음을 앞둔 그가 사람들에게 말했습니다. '나보다 훨씬 훌륭한 세 명의 의사를 소개하겠습니다. 그 의사의 이름은 음식과 수면과 운동입니다. 음식은 위의 75%만 채우고 절대로 과식하지 마십시오. 밤에 일찍 주무시고 아침 일찍 일어나십시오. 그리고 열심히 걷다 보면 웬만한 병은 다 나을 수 있습니다.'

말을 하던 의사가 힘들었는지 잠시 말을 멈추었습니다. 그리고 다시 말을 이었습니다. '그런데 음식과 수면과 운동은 다음 두 가지 약을 함께 복용할 때 효과가 있습니다.' 사람들은 조금 전 보다 의사의 말에 더 귀를 기울였습니다. '육체와 더불어 영혼의 건강을 위해 꼭 필요한 것은 웃음과 사랑입니다.'

#이야기 둘

남편은 비참한 삶을 살게 하느니 차라리 아이들도 함께 이 세상을 끝내자고 동반 자살을 결심했습니다. 남편은 아내 몰래 여섯 살, 네 살 된 두 딸에게 독극물이 든 우유를 먹이고 자신도 먹었습니다. 그런데 남편은 목숨을 건졌지만 죄 없는 두 딸만 죽고 말았습니다. 심장병과 척수염, 류머티즘으로 몸을 가누기도 힘든 몸으로 아내가 증언대에 섰습니다. 한 없이 쏟던 눈물을 거두고 증언을 시작했습니다.

처음에는 남편을 죽이고 싶을 정도로 화가 났지만 남편이 정당한 판결을 받게 하는 것이 옳다고 생각해서 이 자리에 섰다고 밝힌 그녀는 남편은 아이들을 미워한 게 아니라 세상에서 받을 고통을 막게 하고 싶었던 것이라 했습니다. 잘못은 남편의 '세상을 향한 두려움'에 있다고 법정에서 힘이 되는 증언을 했습니다. 그리고는 마지막으로 말했습니다. '약한 마음을 가진 남편에게 형을 가볍게 내려 한 번이라도 사람답게 살 기회를 주길 바랍니다.' 윤재윤 판사의 〈우는 사람과 함께 울라〉에 나오는 이야기입니다.

최고의 명의가 제안한 내용이나 증언대에 선 가슴 아픈 여인이나 한 가지가 더 필요합니다. 그것은 〈은혜〉입니다. 하늘에서 그 분이 주시는 은혜 없이는 웃음과 사랑도, 한 번 더 받은 기회도 무용지물이 되기 때문입니다. 오늘 오후부터 부흥성회가 있습니다. 험한 세상살이 지치고 갈 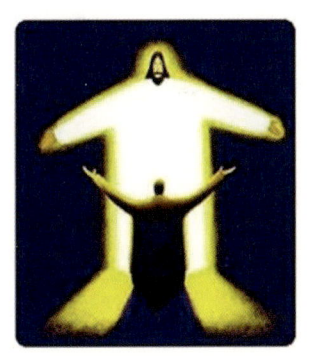 한 마음들이 생수로 채움 받고 소생할 수 있기를 바랍니다.

Chapter 10
신앙과 예배

# 할머니의 바늘 찾기

〈산 빛 이야기〉에 이런 내용이 있습니다. 한 할머니가 길에 나와 무언가를 찾고 있었습니다. 사람들이 물었습니다. '할머니, 무슨 일이세요? 뭘 찾으세요?' '바늘을 찾고 있어.' 사람들은 함께 바늘을 찾았습니다. 시간이 흘렀지만 바늘은 보이지 않았습니다. '할머니 날이 저물고 있어요. 이 넓은 길에서 바늘 찾기란 쉬운 일이 아니에요. 떨어뜨린 곳이 정확히 어딘지 기억은 나세요?' 이제 사람들은 할머니의 기억력을 의심하였습니다. '물론 기억나지 바느질 하다가 집 안에서 떨어뜨렸어.' '아니 집 안에서 떨어뜨린 바늘을 바깥에서 찾는단 말이에요?' 사람들은 어이가 없다는 듯 일제히 할머니를 쳐다봤습니다.

할머니는 태연한 표정으로 한 술 더 떠서 '여기가 밝기 때문이야. 집 안은 너무 어두워 찾을 수가 없어.' 기가 막힌 사람들이 말했습니다. '아무리 밝아도 그렇지. 방에서 잃은 바늘을 길에서 어떻게 찾는단 말입니까? 방이 어두우면 불을 켜고 찾으면 되잖아요.' 그러자 할머니는 빙그레 웃으며 말했습니다. '자네들은 남의 일엔 어찌 그리 똑똑한가? 그런데 자네들은 안에서 잃고 밖에서 찾고 있더구먼. 왜 바깥세상에서 행복을 찾고 있어? 그걸 바깥세상에서 잃어버렸나?'

〈광수생각〉에 이런 내용이 있습니다. 어떤 환자가 죽을상이 되어서 병원을 찾았습니다. 의사가 묻습니다. '어떤 증상 때문에 오셨습니까?' '선생님, 제가 요즘 증상이 심각합니다. 손가락으로 머리를 찔러도 아프고, 팔과 다리를 찔러봐도 아프고, 온 몸이 손가락으로 찌르기만 하면 무지 아파서 견딜 수가 없습니다. 이러다가 죽는 것은 아닐까요?' 심각하게 환자를 진찰한 의사가 말했습니다. '음… 심각하군요. 선생님은 손가락이 부러지신 것입니다.' 머리에도, 팔에도, 다리에도 이상은 없었습니다. 원인은 부러진 손가락이었습니다. 하나님께 문제는 없습니다. 문제는 언제나 나에게 있습니다.

〈인터넷〉에서 읽은 이야기입니다. 미국 폭주족들이 일본을 방문하고는 깜짝 놀랐답니다. 자기들은 권총을 들고 오토바이를 몰고 다니기에 세상에서 제일 무섭게 보일 줄 알았는데, 일본 폭주족들은 사무라이 칼을 차고 몰고 다니는 것을 본 것입니다. 그래서 일본 폭주족들을 '형님'으로 모시기로 했답니다. 그런데 일본 폭주족들이 손을 내저으며, 우리보다 더 무서운 폭주족들은 한국이라면서 한국의 폭주족들은 얼마나 무서운지 뒤에다 LPG 가스통을 싣고 다닌다고 했답니다. 저는 이런 생각이 들었습니다. 정말 두려워하는 사람은 가스통이 아니라 하나님 모시고 다니는 사람이 아닐까요? 그런데 세상은 왜 크리스쳔을 조롱할까요?

'믿음'을 이야기하고 싶었습니다. 요즘 세상에서 그걸 얼마나 가치 있게 여기는지 묻고 싶었습니다. 그대의 그것 분량은 얼마인지 묻고 싶었습니다. 그것의 능력을 맛보고 사는지도 묻고 싶었습니다. 다음 말을 한 번 더 기억하면 좋겠습니다. 〈오직 의인은 믿음으로 말미암아 살리라〉 (롬1:17)

Chapter 11
신앙과 예배

# 긍정과 부정

독일의 재무장관을 지낸 마르티 바덴이 젊은 시절 지방여행을 갔다가 허름한 모텔에서 하룻밤을 묵게 되었습니다. 아침에 일어나 보니 구두가 없어졌습니다. 그는 화가 치밀었습니다. 당장 구두 살 돈도, 살 곳도 없었습니다. 마침 그날은 주일이었습니다. 여관주인은 미안해하며 창고에 있던 헌 신발 한 켤레를 건네주며 교회에 함께 가자고 했습니다. 마지못해 교회에 따라간 그는 하나님께 불평어린 기도를 했습니다. '하나님, 훔쳐갈 신발이 그렇게도 없던가요? 왜 나 같은 사람의 신발을 훔쳐가도록 놔두셨습니까?'

마르티는 예배당 안을 두리번거리다 눈물로 범벅인 체 찬송하고 기도하는 한 사람을 발견했습니다. 비록 옷은 남루했지만 얼굴은 기쁨과 감격으로 넘치고 있었습니다. 자세히 바라보다가 깜짝 놀랐습니다. 그는 두 다리가 없었습니다. 마르티는 깊이 뉘우쳤습니다. '나는 신발을 잃어버렸지만 저 사람은 신발 신을 두 다리마져 잃어버렸구나.' 그는 한없이 부끄럽고 한편으로 한없이 감사했습니다.

훗날 마르티는 나는 그날 이후로 감사하는 삶을 살게 되었다고 했습니다. 감사는 긍정적 삶의 표상입니다. 마르티의 긍정적 삶은 훗날 자신을 재무장관의 자리로 인도했습니다. 지난 주말 인터넷에서 이런 글을 발견했습니다. 제목이 〈하나님께서는〉 입니다.

하나님께서는 '불가능 합니다' 하면 '모든 것이 가능하다' (눅18:27) 하십니다.

'너무 지쳤어요' 하면 '너를 쉬게 하리라' (마 11:28-30) 하십니다.

'아무도 나를 사랑하지 않아요' 하면 '너를 사랑하리라' (요13:1) 하십니다.

'더 이상 못해요' 하면 '내 은혜가 네게 족하리라' (고후12:9) 하십니다.

'앞이 캄캄해요' 하면 '내가 너의 발을 인도하리라' (잠3:5,6) 하십니다.

'그것은 가치가 없어요' 하면 '합력하여 선을 이루는 가치가 있다' (롬8:28) 하십니다.

'제 자신을 용서 못해요' 하면 '내가 너를 용서하리라' (요일1:9) 하십니다.

'항상 걱정이 많고 좌절해요' 하면 '너의 염려를 내게 맡기라' (벧전5:7) 하십니다.

'너무 외로워요' 하면 '내가 너를 버리지 않으리라' (히3:5) 하십니다.

정(定)은 둘이 있습니다. 하나는 긍정(肯定)이요 다른 하나는 부정(否定)입니다. 세상이든 하나님 나라든 역사는 부정이 아닌 긍정의 사람들에 의해 쓰여 갑니다. 그들이 주인공이란 말입니다. 크리스천들은 긍정의 사람일 수밖에 없습니다. 하나님이 아버지가 되시기 때문입니다. 새해는 남아있는 부정의 쓴뿌리가 뽑히고 긍정의 강물이 흘러넘치길 축복합니다.

Chapter 12
신앙과 예배

# 사진 두 장과 공간

- 
- 
- 

오래 전입니다. 컴퓨터를 열고 설교 자료를 찾고 있었습니다. 두 장을 사진을 보았습니다. 그 무언가가 가슴을 치밀고 올라왔습니다. 이내 제 자료방에 옮겨놓았습니다. 여러분께 보물을 꺼내 보이는 마음입니다. 찬찬히 보세요. 여백은 여러분의 마음을 적어보란 뜻입니다.

# 사진 하나

# 사진 둘

# PART 4

## 사랑의 6,000계단

(사랑과 눈물)

*Love and tears*

- 사랑의 6,000계단
- 도마뱀의 사랑
- 문철 씨의 바지
- 한쪽 눈으로 사는 기쁨
- 욕심쟁이와 질투쟁이
- 누가 큰 사람인가?
- 갈릴리호수와 사해
- 어떤 사랑이야기
- 기도가 당신을 살렸습니다
- 강도와 신경통
- 업고가야 할 사람이 있습니다

Chapter 1
사랑과 눈물

# 사랑의 6,000계단

- 
- 
- 

　중국의 쓰촨성 남부의 한마을에 리우(19세)라는 청년이 있었습니다. 그는 남편을 잃은 같은 마을의 쑤(29세)라는 여인을 사랑하게 되었습니다. 10살이나 많을 뿐 아니라 자녀를 셋이나 둔 여인을 사랑한다는 것은 당시 사회도덕적 통념상 받아들여질 수 없는 일이었습니다. 리우는 여인과 함께 세간(世間)의 조롱거리가 되는 것을 피하기 위해 발길이 닿지 않는 깊은 산속으로 들어가 동굴 생활을 시작했습니다. 전기는 물론 마땅한 음식조차 없는 고산 동굴 속에서 나무 열매나 뿌리를 캐먹으며 버텼고, 추운 겨울에는 리우가 만든 초롱불을 밝히며 이겨냈습니다.

　대나무를 깎아 수로를 만들었고 바위를 쪼아 물통을 만들었습니다. 흙을 빚어 집을 지었고 우거진 산을 일궈 밭을 만드는데 15년이 걸렸습니다. 입산할 당시 1950년대 모습을 그대로 간직한 채 살아가는 그 숲속에는 무엇보다도 역사에 길이 남을 흔적이 있었습니다. 그것은 사랑의 6,000계단입니다.

　산속에 생활하기 시작한 2년 뒤부터 리우는 산을 오르내리는 아내의 편의와 안전을 위해 가파른 바위를 깎아 6,000개의 돌계단을 만들었습니다. 계단마다 미끄러지지 않도록 홈을 팠고, 계단 옆 바위에는 손잡

이도 만들었습니다. 계단을 완성하기 까지 단단한 망치와 정을 3번이나 새것으로 바꾸었으며, 산 아랫마을까지 연결돼 있는 이 계단을 만들기 위해 무려 50년의 세월이 걸렸습니다.

이 사실은 2001년 한 탐험대가 산속 리우 집을 발견하면서 알려졌으며 이때 리우는 71세, 쑤는 81세였습니다. 2006년 중국의 여성 잡지에 10대 러브스토리 중 1위에 선정되어 13억 중국인을 감동시켰습니다. 혹자는 만리장성이 중국의 국경을 지켰다면 6,000개의 돌계단이 사랑을 지켰다고 하였습니다. 쓰촨성 정부는 이들의 러브스토리가 기억될 수 있도록 리우가 만든 계단을 〈사랑의 계단〉으로 명명(命名)하여 보존하고, 그들이 살아온 동굴을 박물관으로 보존하는 작업에 착수했다고 전해집니다.

(리우의 사랑의 계단)

새봄을 알리는 3월이 시작되었습니다. 조건적이고 외형적인 저급한 사랑이 참인 듯 활개 치는 이 세상에서 리우 할아버지를 다시 한 번 생각합니다. 사랑하는 한 사람만을 위함이라도 6,000계단 바위를 쪼아댔던 망치소리가 들리는 듯합니다. 언젠가 리우 할아버지의 구슬땀이 배어 있는 그 계단을 한 번 올라봤으면 소망해 봅니다.

Chapter 2
사랑과 눈물

# 도마뱀의 사랑

1964년 제18회 올림픽이 일본 동경에서 열렸습니다. 당시 동경시는 올림픽 메인 스타디움 건설을 위해 주변의 집들을 사들여 철거하게 되었습니다. 어느 한 집을 철거하던 인부들은 깜짝 놀랐습니다. 지붕을 철거 중 꼬리 부분에 못이 박힌 채 몸부림 치고 있는 도마뱀 한 마리를 발견했기 때문입니다. 도대체 언제, 어떻게 못이 박혔을까 궁금하던 인부들은 주인을 불러 물었습니다. 3년 전 지붕 수리를 했는데 그 때 공사 현장을 지나던 도마뱀이 사고를 당한 것 같다고 하였습니다.

그렇다면 3년 동안이나 어떻게 생존할 수 있었을까 궁금해진 인부들은 동경대학교 생물학 아베교수를 불러 이 사실을 알렸습니다. 아베교수 일행은 공사를 중단하고 못 박힌 도마뱀을 3일 동안 지켜보기로 하였습니다. 꽤 시간이 지나고 조용해지자 동료 도마뱀이 나타났습니다. 그것의 입에는 먹이가 물려있었습니다. 하루에도 몇 차례씩 먹이를 물고 나타났습니다. 게다가 목을 비비며 한동안 놀아주다 가는 것이었습니다. 이것이 그가 3년 동안 못 박힌 고통을 이길 수 있었고, 엄동설한(嚴冬雪寒)의 겨울도 칠흑같이 캄캄한 어둠도 견딜 수 있는 원동력이었습니다.

시인 도종환은 이 실화를 주제로 〈그 때 그 도마뱀은 무슨 표정을 지었을까〉란 수필집을 냈습니다. 지난 3년 동안 먹이를 물고 찾아오던 그 도마뱀의 마음은 어떠했을까 헤아리기 어렵지 않아 보입니다. 3년 동안 못 박힌 형제를 찾아온 도마뱀과 못 박힌 도마뱀 사이에 무슨 대화가 오갔을까 추측하는 것도 어렵지 않아 보입니다.  다만 안타까운 것은 만물의 영장(靈長)이라는 우리 인간에게 그런 마음도 그런 대화도 메말라가고 있다는 현실입니다.

농부가 강아지를 시장에 팔고 있는데 한 소년이 다리가 저는 강아지를 골랐습니다. 주인은 다른 강아지를 고르라고 하였지만 끝내 그 강아지를 품에 안고 걸어가는 소년을 뒷 모습을 바라보다가 한 가지 사실을 깨달았습니다. 그 소년 역시 다리가 온전치 못한 소년이었습니다. 도종환 시인은 이 소년 이야기를 다룬 〈눈물 흘려본 사람은 남의 눈물을 닦을 줄 안다〉는 산문(散文)에서 '많이 알고 많이 가진 사람이 큰 사람이 아니라 남의 아픔을 나누어 가질 줄 아는 사람이 큰 사람'이라고 조용히 설파했습니다. 성탄절이 성큼 다가왔습니다. 주변에 못 박힌 도마뱀이 없는지 둘러보면 좋겠습니다.

Chapter 3
사랑과 눈물

# 문철 씨의 바지

갑자기 쌀쌀해진 어느 늦가을 입니다. 퇴근길에 버스를 기다리던 문철 씨는 온몸에 한기를 느꼈습니다. 마침 버스정류장 근처 노점에는 겨울용 바지들이 걸려있었습니다. 적당한 것으로 하나 고른 문철 씨는 버스에 올랐습니다. 집에 도착하자 이내 저녁상이 차려지고 가족들이 둘러앉았습니다. 식사를 먼저 끝낸 문철 씨는 내일 회의모임에 새 바지를 입고 싶었습니다. 아내에게 바지가 좀 기니 3cm만 잘라달라며 거실 소파위에 올려놓았습니다. 설거지를 마친 아내는 바지를 손질하려다 막내 젖먹이가 칭얼거리자 재워놓고 해야겠다 싶어 방안에 누웠다가 피곤이 밀려와 잠들었습니다.

밤 11시쯤 되었을 때 화장실에 가려던 시어머니가 소파위에 있는 바지를 보았습니다. 어린나이에 가난한 집에 시집와 세 아이를 돌보며 생활비를 보태기 위해 아르바이트 다니는 며느리가 가여웠습니다. 시어머니는 깜박 잊은 며느리를 대신하여 바지를 3cm자른 다음 소파 위에 올려놓았습니다. 새벽 2시쯤 되었을 때 석 달 전 직장을 잃고 기숙사에서 오빠 집에 온 시누이가 목말라 부엌에 나왔다가 소파위에 있는 바지를 보았습니다. 연립주택 방 두 칸이지만 기꺼이 자신을 받아주고 언제나 아침 저녁상 차려주며 애쓰는 언니의 마음 씀씀이에 감사하고 있었습니다. 얼른 바지를 집어 들고 언니를 대신하여 3cm를 자른 다음 다시 소파위에 가져다 두었습니다.

아내가 눈을 떴을 때 시계는 새벽 4시 반을 가리키고 있었습니다. 6시에 출근해야하는 남편이 어제 건네준 바지가 생각나자 벌떡 일어났습니다. 정신없이 바지 3cm를 잘랐습니다. 간단한 아침 식사가 마칠 무렵 출근하려 새 바지를 입은 문철 씨는 황당하기 그지없었습니다. 7부바지가 되어버렸기 때문입니다. 상황을 알아차린 문철 씨는 촌스럽기 짝이 없는 그 7부 바지를 입고 출근하기로 했습니다. 회의가 있는 날이고 쌀쌀한 늦가을 임에도 말입니다.

어느 책에서인가 읽은 이야기입니다. 사람들은 재물, 외모, 신분 등 이런 것에서 행복을 얻으려 합니다. 그렇지 않습니다. 행복의 풍성함은 함께 사랑하며 사는 곳에 있습니다. 거기가 내 집이든 전세방이든 초원이든 광야든 문제가 되지 않습니다. 사랑이면 족합니다.

이번 주부터 사랑방 모임을 다시 시작합니다. 그리스도의 사랑을 많이 나누시기 바랍니다. 바지가 9cm나 잘려 7부바지가 되었어도 그 7부바지 안에는 어머니의 사랑, 여동생의 사랑, 아내의 사랑이 진하게 배어 있기에 문철 씨는 오늘 행복한 마음으로 버스에 오릅니다.

## Chapter 4
사랑과 눈물

# 한쪽 눈으로 사는 기쁨

- 
- 
- 

따뜻한 이야기를 담은 책 〈연탄길〉이란 책에 보면 이런 이야기가 있습니다. 3층집 벽돌건물 1층에 병희라는 이름의 화가의 작업실이 있습니다. 최근 그 건물 3층에 이사 온 젊은 여인이 있었습니다. 화가는 그녀를 가끔씩 마주칠 때마다 궁금한 것이 하나 있었습니다. 아들을 등에 업은 채 계단을 오르내릴 때면 늘 한 눈을 꼭 감고(외눈이 아님에도) 더듬더듬 걷는 것이었습니다. 화가는 참 이상한 사람도 다 있구나 생각했습니다.

하루는 이 여인이 비를 피하기 위해 화실에 들어오게 되어 인사를 나누게 되었습니다. 그 날 업고 다니는 아들의 오른쪽 눈이 흉하게 감겨있는 것을 보게 되었습니다. 얼마 후 화실을 다시 찾은 여인은 아들의 사진을 내 놓으면서 그림으로 그려 달라 부탁했습니다. 오른쪽 흉한 눈을 정상으로 예쁘게 그려달라는 말과 함께. 화가는 그날 온종일 정성을 다해 아들의 인물화를 그렸습니다. 물론 그녀의 아들의 오른쪽 눈을 진지하게 기도하는 마음으로 고쳐 그렸습니다.

그림을 가지러 온 여인은 꽤나 흡족해 하였습니다. 나가면서 시간나면 자기 집에 놀러오라며 화가를 초대하였습니다. 며칠이 가고 화가가

3층집에 들어섰을 때 좁은 거실은 새로운 것도, 화려한 것도 없었습니다. 잡다한 것들 사이로 가장 잘 보이는 거실의 한쪽 벽에는 아들의 그림이 걸려 있었습니다. 그녀는 화가인 자신이 도저히 그림으로는 표현할 수 없는 미소를 머금은 채 그림 속의 아들의 오른 눈을 가리키며 말했습니다.

'선생님, 저는 우리 아들에게 꼭 이런 눈을 갖게 해주고 싶어요. 아들이 조금 더 크면 저의 눈을 이식해 줄 겁니다. 그래서 저는 지금부터 한쪽 눈으로 사는 연습을 하고 있어요. 한쪽 눈으로 밥 먹고, 한쪽 눈으로 설거지하고, 한쪽 눈으로 빨래하고, 한쪽 눈으로 계단을 내려오고, 한쪽 눈으로 길을 가요. 그래도 저는 얼마나 기쁜지 몰라요.'

소중한 것일수록 함부로 남용(濫用)하지 않는 지혜가 필요합니다. 가장 소중하면서도 가장 많은 남용을 일삼아 온 것이 '사랑' 이라는 단어가 아닌가 합니다. 오늘도 한 눈을 감은 채 더듬더듬 계단을 내려오고 있을 그분을 생각합니다. '그래도 저는 얼마나 기쁜지 몰라요' 하는 대목에서 목이 멥니다. 깊어가는 가을, 사랑이라는 게 무엇인지 다시 생각해 봅니다. 나아가 사랑을 어떻게 해야 되는 건지 상념(想念)에 젖어 봅니다.

Chapter 5
사랑과 눈물

# 욕심쟁이와 질투쟁이

지혜롭기로 유명한 유대인에게는 탈무드(Talmud)가 있습니다. B.C 500년부터 시작되어 A.D 500년에 걸쳐 천년 동안이나 구전되어 온 것들을 10여년에 걸쳐 집대성(集大成)한 책입니다. 모두 20권(12,000쪽)이며 단어도 무려 250만 개가 넘는 엄청난 분량의 책입니다. 탈무드는 성경을 기반으로 살아온 수천 년에 걸친 유대인들의 지혜이며 지식의 보고라고 할 수 있습니다. 탈무드에 있는 이야기 하나를 소개합니다.

여행길에서 두 사람이 만나 동행하게 되었습니다. 저마다 자라온 환경이 있는 터라 한 사람은 욕심이 대단한 사람이고 다른 한 사람은 질투가 그 누구와 견줄 수 없을 정도였습니다. 이런저런 이야기를 주고받으며 산을 넘고 들을 지나고 있던 어느 날이었습니다. 두 사람의 여행길에 한 천사가 찾아왔습니다. 그들은 한 없이 기뻤고 감격하며 천사와의 동행을 즐겼습니다. 한 참을 걸어온 후 갈림길에서 천사가 말했습니다.

'나는 여기서 두 분과 헤어져야겠습니다. 헤어지기 전 여러분에게 선물을 하나씩 드리고 싶습니다. 두 분 중에서 먼저 나에게 소원을 말하는 분에게 어떤 소원이든지 그 소원을 즉시 들어드리겠습니다. 나중의 사람에게는 먼저 말한 사람의 소원의 두배를 드리겠습니다.' 천사는 빙그레 웃으며 두 사람의 소원을 기다렸습니다.

소원이야기가 나오자 욕심쟁이 마음속에 욕심이 꿈틀거리기 시작했습니다. 상대방보다 두 배를 받을 마음에 이내 입을 다물어 버렸습니다. 질투쟁이 역시 상대가 자신 보다 갑절을 받는 것을 생각하니 질투가 솟구쳐 견딜 수 없었습니다. 그도 입을 다물어 버렸습니다. 한 시간 두 시간을 지나고 해가 기울기 시작했습니다. 그럼에도 그들의 팽팽한 줄다리기는 계속될 기미였습니다.

성질이 급한 욕심쟁이가 마침내 질투쟁이의 멱살을 잡고 위협하며 외쳤습니다. '자네가 먼저 말하게! 그렇지 않으면 죽여 버릴 거야!' 질투장이가 할 수 없다는 듯 먼저 말했습니다. '천사님, 제 소원은 눈 하나가 장님이 되는 것입니다.' 그 순간 질투장이는 애꾸가 되었고 욕심쟁이는 두 눈을 잃은 맹인이 되고 말았습니다.

우리 주변에 유독 욕심이 많은 사람들이 있습니다. 질투가 유별한 사람들도 적지 않습니다. 상대가 나보다 많이 가지면 안될까요? 상대가 나보다 잘되면 안될까요? 욕심과 질투를 다스리지 않으면 내 눈도 네 눈도 잃고 맙니다. 눈을 잃은 욕심쟁이와 질투쟁이를 보며 지혜를 얻었으면 좋겠습니다.

Chapter 6
사랑과 눈물

# 누가 큰 사람인가?

독일의 작은 마을에 한 젊은 피아니스트가 살았습니다. 어느 날 피아노 독주회를 준비한 다음 청중을 많이 모으기 위해 자신을 리스트의 제자라고 소개하였습니다. 헝가리 출생의 리스트(Franz von Liszt, 1811-1886)는 당대 세계적인 음악가였습니다. 교향곡 파우스트, 단테를 비롯하여 헝가리 광시곡, 오라토리오 그리스도 외 수많은 곡을 남겼습니다. 뿐만 아니라 그의 피아노 연주 솜씨는 이미 최고의 경지에 이르렀습니다.

그런데 공교롭게도 연주회가 있기 전 날 리스트가 이 마을을 방문하게 되었습니다. 큰일이 아닐 수 없었습니다. 고민하던 젊은 피아니스트는 리스트를 찾아가 눈물로 용서를 빌었습니다. '선생님, 저는 고아로 자라났습니다. 훌륭한 스승을 찾아 가르침을 받고 싶었지만 가난하여 그럴 수 없었습니다. 그렇지만 피아노를 포기할 수 없었습니다. 이번에 선생님의 이름을 도용(盜用)하여 누를 끼쳤습니다.'

조용히 듣고 있던 리스트가 말했습니다. '당신은 큰 실수를 저질렀습니다. 하지만 사람은 누구나 실수가 있는 법이오. 찾아와 용서를 구하니 고맙소. 자, 내 앞에서 한번 피아노를 연주해 보시오.' 청년은 연주를 시작했고 리스트는 말없이 들었습니다.

연주를 마치자 리스트는 청년에게 가까이 갔습니다. 부족한 부분을 하나씩 바로 잡아 주었습니다. 그리고는 이렇게 말했습니다. '자, 잠시라도 당신을 가르쳤으니 이제 당신은 분명 내 제자입니다. 당당히 청중 앞에 서기 바랍니다.' 리스트의 말은 계속 이어졌습니다. '연주회에서 마지막 곡은 당신의 스승인 내가 직접 연주한다고 소개하십시오.'

(리스트의 모습)

세상에서 누가 큰 사람인가를 생각해 봅니다. 기네스 기록에 의하면 미국의 와드는 키 272cm, 체중 200kg이나 나갔다고 합니다. 덩치가 큰 사람이 큰 사람일까요? 권세가 큰 사람이 큰 사람일까요? 재물이 많은 사람이 큰 사람일까요? 지식이 많은 사람이 큰 사람일까요? 아닙니다. 마음이 큰 사람이 큰 사람입니다.

우리 주변에 용서(容恕)와 용납(容納)이 부족한 것 같습니다. 이름을 도용한 청년을 받아주고 레슨까지 베풀어 무대에 서게 했던 리스트가 부럽습니다. 게다가 무대 같지 않았을 무대에 무명의 피아니스트를 위해 찬조출연(贊助出演)까지 서슴지 않았던 리스트가 정말 부럽습니다. 그가 진정 큰 사람입니다.

Chapter 7
사랑과 눈물

# 갈릴리호수와 사해

- 
- 
- 

성경의 주요 배경이 되고 있는 이스라엘 지역에는 두 개의 유명한 호수가 있습니다. 갈릴리 호수와 사해입니다. 위쪽에 있는 갈릴리 호수는 남북이 21km, 동서 11km이며, 둘레가 53km에 이릅니다. 한편 아래쪽에 위치한 사해는 남북이 75km, 동서 16km입니다. 둘 다 크기가 보통을 넘어선 것이기 때문에 옛 사람들은 호수라는 개념을 넘어서 바다로 부르기도 하였습니다.

두 호수 간의 거리는 96km밖에 되지 않지만 의미는 하늘과 땅 만큼이나 판이합니다. 갈릴리 호수는 한 마디로 생명(生命)의 호수라고 할 수 있습니다. 다양한 어종의 물고기가 많이 살고 있으며, 새들이 깃들이고, 주변에는 철따라 꽃들이 피어납니다. 그 만큼 경치도 아름답습니다. 반면 사해는 문자 그대로 죽음의 바다입니다. 생명체라고는 아무것도 살지 못합니다. 주변도 수목이 자라지 못하며 삭막합니다. 지리상으로는 지척(咫尺)의 거리임에도 왜 두 호수는 이렇게 차이가 나는 것일까요?

이유는 간단합니다. 갈릴리 호수는 헐몬산에서 흘러내리는 물이 유입되어 호수를 이룹니다. 이 물은 다시 남쪽 배출구를 통해 흘러나가는데 그 물줄기가 요단강입니다. 흘러들어와 다시 흘러나가는 갈릴리 호수는 늘 신선합니다.

하지만 사해는 그렇지 않습니다. 요단강을 통해 보내준 물을 받기는 하지만 그 어디로도 보내주지 않습니다. 오직 뜨거운 태양 열에 의한 수중기 증발만이 있을 뿐입니다. 이렇게 수천 년을 지내는 동안 염분만이 남게 되었습니다. 사해는 바다가 아님에도 염분 함량이 바닷물의 염도보다 7배나 높은 32%의 독한 염분을 함유하고 있어 어떤 생물도 생존할 수 없는 죽음의 바다가 된 것입니다.

예수님께서 이렇게 말씀하셨습니다. '주라 그리하면 너희에게 줄 것이니 곧 후히 되어 누르고 흔들어 넘치도록 하여 너희에게 안겨 주리라 너희가 헤아리는 그 헤아림으로 너희도 헤아림을 도로 받을 것이니라' (누가복음 6:38) 이 말씀이 갈릴리호수 같은 자연에게도 적용되었다면 우리 인생에게는 더욱 더 진리일 것입니다.

재물이든 지식이든 사랑이든 받기만 하고 베풀지 않는다면 마침내 사해처럼 되고 맙니다. 우리의 가정과 교회가 사해를 넘어 갈릴리 같은 공동체가 되길 소망합니다.

Chapter 8
사랑과 눈물

# 어떤 사랑이야기

- 
- 
- 

　영국 왕 조지(George) 5세의 아들로 태어난 황태자 에드워드(Edward) 8세(1984-1972)는 케임브리지 대학에서 수학한 후 육군교관, 연방행정관, 라디오 뉴스 해설자, 국방행정관, 재무장관과 내무장관 등을 역임했습니다. 1926년에는 에딘버러 대학교 총장을 지냈고, 1932년에는 다시 해군장관을 거쳐 1934년 병원 의사가 되었습니다. 이 후 갑작스런 아버지의 죽음으로 1936년 독신이었지만 대영제국의 왕이 되었습니다.
　이 무렵 에드워드 8세는 사랑하는 한 여인이 있었습니다. 그 여인은 이미 한번 이혼한 경력이 있는 미국의 심슨(Simpson) 부인이었습니다. 영국 왕실은 이혼경력이 있는 평민 미국여인을 왕비로 맞을 수 없다며 강력히 반대하였습니다. 영국 수상이던 볼드윈과 영국의회 그리고 국민들까지도 에드워드 8세와 심슨 부인의 결혼에 반대하였습니다. 영국인들은 그녀가 영국의 왕비가 되어 영국을 대표하는 것은 참을 수 없는 치욕이라고 생각했기 때문입니다. 에드워드 8세는 심프슨 부인과의 결혼을 성사시키기 위해 노력하였지만 가능성은 갈수록 어렵게 되었습니다.
　1936년 12월 11일 밤, 고민을 거듭하던 왕 에드워드 8세는 BBC 라디오를 통해 대국민 특별방송을 하였습니다. 그는 미리 준비한 방송 원고를 차분한 목소리로 읽어 내려갔습니다. 다음 대목에 이르자 그는 힘을 주어 말했습니다. '나는 사랑하는 여인의 도움 없이 국왕의 일을 한다는 것은 불가능합니다.'

당시 영국은 세계를 지배하는 나라였습니다. 그럼에도 연설의 핵심은 한 여인과의 사랑을 이루기 위해 대영제국의 국왕자리

(에드워드와 심슨)

를 내려놓겠다는 것입니다. 그는 연설을 마치고 동생(조지 6세, 현 엘리자베스여왕의 아버지)에게 왕관을 넘겨주었습니다. 그리고 영국을 떠나 1937년 6월 3일 프랑스에서 심슨과 결혼식을 올렸습니다. 오직 16명만이 참석한 조촐한 결혼식이었습니다.

얼마 전 보도매체를 통해 둘 사이가 나빠져 혼인비용 10억을 돌려달라는 싸움을 벌이다 소송을 냈다는 소식을 들었습니다. 대체 이 두 사람은 서로 무엇을 보고 결혼했다는 말일까요? 에드워드 8세가 잘했느냐 못했느냐는 판단은 사람마다 다릅니다. 가치관이 다르기 때문입니다. 저도 판단을 유보(留保)합니다. 다만 한 가지 말하고 싶은 것은 사랑에 대한 열정과 순수함입니다. 저 자신을 포함하여 인생들에게 진지하게 묻고 싶습니다. 그대에게 사랑이란 무엇입니까? 그대에게 사랑하는 사람이 있습니까?

Chapter 9
사랑과 눈물

# 기도가 당신을 살렸습니다

이재철 목사님이 쓰신 책 〈요한과 더불어〉(제4권) 중에 이런 내용이 있습니다. 목사님의 대학 친구 한 사람이 프랑스로 유학을 떠났습니다. 머나 먼 이국땅의 유학생활은 꿈꾸어 왔던 것처럼 낭만과 희망의 날들만이 아니었습니다. 그는 이방인으로서의 외로움과 높은 학문에 대한 좌절감을 이기지 못해 점점 정상적인 삶에서 벗어났습니다. 그러던 어느 날 큰 교통사고를 당했습니다. 모두들 죽었으리라 생각한 그 끔찍한 사고 속에서 그는 구사일생으로 살아남게 되었습니다.

의식을 잃은 채 며칠이 지나고 가까스로 의식이 회복되었을 때 마침 곁에 있던 의사가 조용히 물었습니다. '혹 교회에 다니십니까?' '아닙니다.' '그럼 누군가 당신을 위해 기도하시는 분이 계십니까?' 그는 '기도'라는 소리에 어머니의 모습이 불쑥 떠올랐습니다. 그가 대답했습니다. '네, 있습니다.' '누구시죠?' '제 어머님 이십니다.' '그렇군요. 당신 어머니의 기도가 당신을 살렸습니다. 당신이 그 교통사고에서 살아난 것은 기적이었습니다.'

그 말을 듣는 순간 그의 두 눈에서는 뜨거운 눈물이 흘러내리기 시작하였습니다. 밤낮 자신을 위해 무릎 꿇고 기도하시던 어머니였습니다.

그 어머니의 한결같은 기도가 절대 절명(絶命)의 위기에서 아들의 생명을 살렸던 것입니다. 나아가 그 날 이후 아들의 영혼까지 하나님께 돌아오는 축복을 가져왔습니다.

우리 주변에 기도의 허리띠가 느슨해진 분들이 적지 않습니다. 이런 저런 일로 아예 기도의 끈을 놓아버린 분들도 있습니다. 크리스천  이 기도하지 않고도 하루하루 살 수는 있습니다. 그러나 하늘 뜻을 이룰 수는 없습니다. 기도 없이는 인간으로 시작해서 인간으로 마쳐질 뿐입니다. 무슨 일을 계획하고 시작하든지 비록 하나님의 이름은 들먹일지라도 기도 없이는 결국 인간적인 냄새만 진동할 뿐입니다.

우리교회는 이번 주간에 특별새벽기도회를 가집니다. '도약 374프로젝트'와 'VIP초청축제'를 위해 시작하는 것이지만 그 정도에서 머무르고 싶지 않습니다. 이번 기회를 통해 기도하는 삶을 회복했으면 좋겠습니다. 이번 한 주간만 기도하고 다시 이불속으로 들어가지 않았으면 좋겠습니다. 이번 특별새벽기도를 훈련 삼아 평생 기도하는 사람이 되었으면 좋겠습니다.

Chapter 10
사랑과 눈물

# 강도와 신경통

- 
- 
- 

윌리엄 시드니 포터(W. S. Porter, 1862-1910)는 미국의 작가입니다. 우리들에게는 오 헨리(O. Henry)라는 필명으로 더 잘 알려져 있습니다. 그가 쓴 단편소설 중에 〈강도와 신경통〉 이야기가 있습니다.

어느 집에 강도가 들었습니다. 부스럭거리는 소리에 잠을 깬 주인 부부는 강도와 마주치게 되었고, 강도는 총을 들이대며 '손들어! 우물쭈물하면 쏴버릴거야!' 하고 외쳤습니다. 아내는 두 손을 들었건만 남편은 한손만 번쩍  들었습니다. 강도는 눈을 부릅뜨고 소리쳤습니다. '두 손 다 들란 말이야!' 남편은 찌푸린 표정으로 대답했습니다. '실은 내가 오른팔에 신경통이 있어 들 수가 없소이다.'

'신경통'이란 말에 강도는 표정과 말투가 누그러지더니 이렇게 말했습니다. '신경통이요? 사실 나도 신경통 때문에 이 짓을 하고 있지. 낮에는 일도 하지 못하고, 밤이면 온몸이 쑤셔서 잠도 못자고 결국 이렇게 강도짓밖에 할 수가 없었다오.'

강도와 주인은 사이에 신경통 이야기가 시작되었습니다. 증세에 대해, 고통에 대해, 치료 효과에 대해.... 한 동안 이야기꽃이 피어나면서 방안은 온기가 살아났습니다. 부인이 얼른 주방에 나가 커피를 끓여왔습니다. 커피 한잔을 마신 후 강도가 손을 내밀며 악수를 청했고 속히 회복하기 원한다는 말을 남기고 떠나갔습니다.

오 헨리는 독실한 크리스천 작가입니다. 그가 이 작품을 통해 말하려 했던 주제가 무엇일까 생각해 봅니다. 개인적으로 저는 '공감'이 아닐까 합니다. 공감이란 함께 공(共), 느낄 감(感) 즉, 상대방의 생각이나 아픔, 슬픔을 똑같이 함께 느낀다는 뜻입니다. 옛말에 과부의 마음은 과부가 알고, 홀아비의 마음은 홀아비가 안다는 말이 있습니다. 아마 공감이 쉽지 않다는 뜻일 겁니다.

공감하면 훈훈해집니다.
공감하면 친구가 됩니다.
공감하면 살맛나는 곳이 됩니다.

공감(共感)은 상대편 입장에 설 때 가능합니다. 달 밝은 추석입니다. 이번 추석에는 가정과 교회에서 공감의 폭을 넓혔으면 좋겠습니다.

Chapter 11
사랑과 눈물

# 업고 가야 할 사람이 있습니다

인도의 기독교 성자로 불리는 썬다 싱(Sadhu Sundar Singh, 1893~?)은 1889년 부유한 시크교도 가문에서 태어났습니다. 청소년 시절 기독교를 미워하여 성경을 불태우고 선교사들을 핍박하였습니다. 그러던 어느 날 새벽 환상 가운데 예수님을 만나 개종하여 열정적인 전도자로 헌신하였습니다. 생애를 다 바쳐 수십 차례나 동토(凍土)의 땅 티베트 전도에 나섰습니다. 1929년(40세) 4월 병약한 몸에도 불구하고 다시 티베트로 떠난 후 소식이 끊겼습니다. 사람들은 그의 행적을 찾아 보았지만 지금까지 어떤 소식도 흔적도 찾을 수 없습니다. 박해자들에 의해 순교의 제물이 되지 않았나 추측할 뿐입니다.

1919년(30세) 10번째 티베트 위해 나섰을 때 있었던 실화 하나를 소개합니다. 썬다 싱은 친구 한 사람과 함께 눈이 쌓인 산길을 가고 있었습니다. 혹독히 추운 눈보라 속에 외진 산길을 가다가 잘못하면 얼어 죽을 것 같아 발걸음을 재촉하였습니다. 산 능선에 다다랐을 때 한 사람이 쓰러져 있는 것을 발견하였습니다. 아마 눈길을 걷다가 지쳐 쓰러져 얼어 죽은 것 같았습니다. 둘은 다가가 가슴에 손을 대보았습니다. 다행히 아직은 살아 있었습니다. 썬다 싱이 말했습니다. '아직 살아 있으니 데리고 가자.' 동행하는 친구가 대답합니다. '안 돼, 이 험한 눈길에 그를 데리고 가다가 우리도 죽을지 모르니 그냥 가자.'

반대하던 친구는 너나 혼자 데려가라 하며 길을 떠났습니다. 썬다 싱은 죽어 가는 사람을 그냥 둘 수 없었습니다. 그 사람을 업었습니다. 혼자 걷기도 힘든 길인데 업고 가자니 여간 힘든 일이 아니었습니다. 살을 에는 듯 눈보라는 더욱 세차게 몰아쳤습니다. 그럼에도 나그네를 업은 썬다 싱의 몸에서는 구슬땀이 솟아났습니다. 몸은 지쳤지만 열기로 달아올랐고 그 열기는 싸늘히 죽어가던 나그네에게 전달되어 그도 의식을 차렸습니다.

한 걸음 한 걸음 고개를 넘어 중턱에 왔을 때 썬다 싱은 쓰러져 있는 또 한사람을 발견했습니다. 자세히 보니 앞서 떠난 그의 친구였습니다. 그의 몸은 이미 차게 얼어붙어 있었습니다. 썬다 싱은 나그네를 업고 오느라 그 날 죽음의 혹한을 넘길 수 있었던 것입니다.

날씨가 쌀쌀한 느낌을 넘어 추위로 다가오기 시작했습니다. 이런 때일수록 혼자만 살겠다고 나서는 사람들이 우리 주변에 적지 않습니다. 현실이 엄동설한(嚴冬雪寒)이라 할지라도 나 혼자만 살겠다는 사람의 결말은 항상 그 반대임을 알았으면 좋겠습니다. 우리 곁에는 업고가야 할 사람이 있습니다. 눈 덮인 산을 넘었던 썬다 싱을 통해 남을 업고 가는 것이 나를 살리는 것임을 알았으면 좋겠습니다.

# PART 5

## 할아버지와 식탁 벨

(교회와 교우)

*Church and fellowship*

- 할아버지와 식탁 벨
- 시골교회 승합차
- 머슴장로와 주인집사
- 조상기 일병
- 쉬어가는 길이 성공하는 길이다
- 바보나라와 꾀보나라
- 딱 하루에 참 많은 것을 보았구나
- 초모랑마 원정대
- 도망간 암탉 한 마리
- 울지 않는 수탉
- 어느 여대생의 경우

Chapter 1
교회와 교우

# 할아버지와 식탁 벨

꽤나 오래전 일입니다. 필리핀 재벌 사업가의 아들인 카퐁카우 청년이 신학교에 입학하였습니다. 신학교에 가보니 기숙사 방은 물론이고 공용화장실이 너무나 낡고 불결했습니다. 그는 학장님에게 찾아가 이렇게 말했습니다. '학장님, 이렇게 더러운 곳에서 어떻게 생활하며 공부할 수 있겠습니까? 화장실 좀 수리해 주시고 깨끗하게 만들어 주십시오.' '그래, 알았네. 살펴 조치할 테니 가 있게.'

학장님의 대답을 들은 얼마 후 화장실에서 씻고 닦는 요란한 소리가 났습니다. 이렇게도 빨리 자신의 건의가 이뤄지는 것에 만족한 카퐁카우는 화장실에 가보았습니다. 거기에는 놀랍게도 학장님이 손발을 걷어붙이고 청소를 하고 있었습니다. '지금 청소 중이니 조금 있다가 들어오게. 이제 깨끗해질 테니 염려하지 말게.' 미소와 함께 말을 건네는 학장을 바라보며 카퐁카우가 물었습니다. '학장님, 청소부를 데려다가 시키면 될 텐데 왜 직접 청소를 하십니까?'

학장님이 말을 받았습니다. '천국은 그런 곳이 아니라네. 교회나 신학교는 일거리를 먼저 보는 사람이 먼저 하는 걸세. 쓰레기가 눈에 들어오는 사람, 불결하다고 생각하는 사람이 먼저 청소하는 것이 천국원

리라네. 부잣집 아들로 살아온 자네가 여기에 와보니 좀 불결하게 보인 것은 당연하지. 그러나 다른 사람들은 어려운 가운데 살고 있어 별로 불결하게 느끼지 못한다네. 그러니 먼저 보고 먼저 느낀 사람이 먼저 일을 함이 옳지 않겠나?'

이런 이야기가 생각납니다. 산골마을에서 혼자 외롭게 살던 할아버지가 서울 아들네 집에 왔습니다. 자녀들과 식당에서 식사를 하는데 식탁에 놓인 조그만 벨을 누르니 금방 예쁜 아가씨가 들어와 심부름을 해줍니다. 그 모습이 신기하고 재미있었던 모양입니다. 식사 후 집에 오신 할아버지가 얼른 작은 방에 들어가셨습니다. 잠시 후 방안에서 '왜 안와, 왜 안와' 하는 소리가 들렸습니다. 놀란 아들이 들어가 보니 식당에서 슬쩍 가져오신 식탁 벨을 눌러대며 아가씨가 오지 않는다고 끙끙거리고 계셨던 것입니다.

교회는 식당이 아닙니다. 그러기에 교회는 식탁 벨이 없습니다. 아무리 눌러야 시중아가씨는 오지 않습니다. 그럼에도 교회에서 학장실 문을 두드리는 사람이나 식탁 벨을 눌러대는 사람이 적지 않습니다. 이를 기억하면 좋겠습니다. 먼저 보고 먼저 느꼈다는 것은 하나님께서 그 일(수고)를 당신에게 맡긴다는 신호라는 것을.

Chapter 2
교회와 교우

# 시골교회 승합차

　오래전 대관령 두메산골 작은 교회에서 있었던 일입니다. 몹시 추운 겨울 아침 예배시간보다 일찍 오신 한 할머니가 허리춤에서 아직 온기가 남아있는 계란 한 개와 감 한 개를 교회 목사님께 내 놓았습니다. 젊은 목사님은 그 따뜻한 마음이 너무 고마워서 반갑게 먹으며 여쭈어 보았습니다. '할머니. 교회까지 오시는데 얼마나 걸리세요?' 할머니는 숨을 몰아쉬며 '세 시간이요' 라고 말했습니다. 순간 목사는 얼굴이 화끈 달아올랐습니다. 자신은 사택에서 몇 걸음 걸어오는 것도 춥다고 귀찮아했는데 세 시간씩이나 걸어서 교회에 오시다니...

　그날 이후 먼 곳에서 오시는 분들을 위해 승합차를 구입 해야겠다 생각하고 장로님과 상의를 했습니다. 그러자 '그거 좋은 생각입니다.' 흔쾌히 동조하셨습니다. 재정이 얼마 안 되는 교회인지라 할부 구입을 계획했는데 뜻있는 성도들이 십시일반으로 모아 일시불로 구입하게 되었습니다. 차가 생기자 산골 사람들이 차타는 재미 때문에 교회에 나오는 사람들도 있었습니다.

　차를 마련한지 일주일쯤 되던 날 서울에 일이 있어 장로님과 함께 새 차로 상경했습니다. 일을 마치고 서로 헤어진 목사님은 친척집에서 잠을 자고 아침에 보니 차가 없어졌습니다. 밤사이 도난을 당한 것입니다. 눈앞이 캄캄했습니다. '이 차가 도대체 어떤 차인데' 기가 막혔습니다. 장로님을 만나기로 한 곳에서 목사님은 한숨만 쉬었습니다. '무슨 안 좋은 일이라도 있었습니까?' 장로님이 물었습니다. 사실을 말씀을 드렸더니 의외의 반응을 보였습니다. '어휴, 괜찮습니다. 저는 목사님께 무슨 일이 일어났는가 걱정을 했습니다. 차야 다시 사면되지요. 걱정 마시고 아침식사나 하러 갑시다.' 뜻밖의 위로의 말에 젊은 목사님은 눈물이 날 정도로 고마웠습니다.

하지만 장로님은 그렇다 치고 교인들에겐 어떻게 이 말을 해야 할지 걱정이었습니다. 교회에 돌아와 참담한 심정으로 상황을 설명하고 용서를 빌었습니다. 그러자 한 분이 벌떡 일어나더니 '목사님, 아닙니다. 목사님 잘못이 아니라, 저희 잘못입니다. 목사님이 안계시면 저희가 당연히 교회에 나와 기도를 해야 하는데, 우리가 기도를 하지 않은 연고입니다. 우리는 괜찮습니다. 지금껏 걸어 다녔는데 그냥 다니면 되지 뭐가 걱정입니까?'

젊은 목사님은 그날 밤 흐르는 눈물을 주체하지 못하고 이렇게 좋은 교회, 좋은 교인들이 세상에 또 있을까 생각하니 너무 고맙고 감사했습니다. 얼마 뒤 서울에서 차를 찾았다는 연락이 왔습니다. 하마터면 큰 소용돌이가 일어날 수 있는 상황에서 모두가 '제 잘못입니다' 란 마음이 교회의 생명인 화평을 지켰습니다.

저는 이런 생각을 해보았습니다. '어쩌면 사탄이 차를 통해 교회를 휘저어 본 것이 아닐까?' 그렇지만 교회는 흔들리지 않았고 오히려 더욱 끈끈한 공동체로 세우는 계기가 되었습니다. 작든 크든 교회공동체 안에는 시험되는 일들이 늘 일어납니다. 이를 통해 소용돌이가 일어날 수도 있고, 오히려 끈끈함을 확인하는 계기가 될 수도 있습니다. 이 둘의 선택은 결국 구성원인 우리에게 달렸고 그 결과 또한 우리 몫이 될 것 입니다.

Chapter 3
교회와 교우

# 머슴장로와 주인집사

- 
- 
- 

1882년 남해의 가난한 농가에서 한 남자아기가 태어났습니다. 부모는 '이자익'이란 이름을 지어주었습니다. 3살에 아버지를, 6살에 어머니를 잃은 그는 배고픔을 견딜 수 없어 당시 대지주로 소문난 김제 조덕삼 이란 사람을 찾아갔습니다. 밥만 준다면 무슨 일이든 하겠다고 사정을 하여 겨우 말을 돌보는 머슴살이를 시작하였습니다. 이때 이자익의 나이 17세였습니다. 성실히 일하며 주인이 사랑채에서 읽는 글소리를 들으며 글을 깨우쳤습니다.

이 무렵 미국 선교사 테이트(L.B. Tate)는 전주지역에서 선교활동에 힘쓰고 있었습니다. 그는 금산사가 있는 금산리에 교회를 세워야겠다고 생각했습니다. 그 고을의 영향력 있는 조덕삼을 찾아 복음을 전했습니다. 조덕삼은 예수님을 믿게 되었고 머슴 이자익도 함께 예수를 믿게 되었습니다.

조덕삼은 사랑채를 예배처소로 내놓았고 이것이 금산교회의 시작입니다. 이때가 1905년이며 이후 조덕삼과 이자익은 나란히 세례를 받고 초대 집사가 되었습니다. 주일이 되면 조덕삼 집사는 머슴 이자익 집사를 시켜 집집마다 사람들을 불러오게 하였습니다. 양반임에도 천한 사람 구별하지 않고 대접하는 조덕삼의 인격에 사람들이 몰려들었습니다.

조덕삼은 1908년 사재를 털어 예배당을 지었는데 이것은 우리나라 최초의 ㄱ자 예배당이며 지금까지 현존하고 있습니다. 이듬해 1909년 한 사람을 뽑는 첫 장로 투표는 예상을 뒤엎고 조덕삼 집사는 떨어지고 이자익이 장로로 선출되었습니다. 둘은 한 교회에서 머슴장로, 주인집사의 관계가 되었습니다. 조덕삼과 이자익은 집에 돌아오면 주인과 마부요, 교회에서는 집사와 장로로 열심히 서로를 잘 섬겼습니다. 그 뒤 조덕삼도 장로가 되었지만 교회에서만큼은 선배장로인 머슴 이자익장로를 깍듯이 대해주었습니다.

이것은 다음 사실에서도 증명되고도 남습니다. 조덕삼 장로는 이자익을 평양신학교에 유학시켰습니다. 5년간 동안 학비와 생활비를 지원해 주었습니다. 이자익이 평양신학교를 졸업하고 목사가 되었을 때 조덕삼 장로는 그를 금산교회의 목사로 청빙하였습니다. 자기 머슴이었던 사람을 담임목사로 깍듯이 모셨던 것입니다.

훗날 이자익 목사는 20여 개의 교회를 개척하였습니다. 한국장로교회의 총회장을 3차례나 맡아 봉사하였습니다. 지난 4월 19일 대전신학대학교에서 이자익 목사(초대교장) 기념관 개관식과 〈이자익 목사이야기〉 출판기념회가 있었습니다.

'섬김의 종' 조덕삼 장로(왼쪽)와 한국교회사의 거목 이자익 목사

저는 오늘 칼럼에서 이자익 목사의 훌륭함을 말하려는 것이 아닙니다. 그 분이 아무리 훌륭하다 하더라도 조덕삼 장로 없이 그 분을 말할 수 없습니다. 한국교회에 제2, 제3의 조덕삼 장로가 많이 나오길 기도합니다.

Chapter 4
교회와 교우

# 조상기 일병

- 
- 
- 

지난 주간 채의숭 장로님(대의그룹회장)이 쓰신 책 2권을 읽었습니다. 그 분의 신념이 제목으로 나타난 〈주께 하듯하라〉와 〈하늘영광〉입니다. 그는 대천농업고등학교 시절에 세 가지 비전을 가지게 되었습니다. 첫째는 박사학위를 가진 교수가 되는 것, 둘째는 큰 회사의 사장이 되는 것, 셋째는 교회와 학교 100개를 세우는 것입니다. 두 가지는 벌써 성취하였고, 세 번째 것은 현재 21개국에 68개의 교회와 학교를 세워 진행 중에 있습니다.

〈하늘경영〉 책에는 소대장 시절(1964년)이야기 한 토막을 적고 있습니다. 당시 일병 월급이 350원인데 월남에 가면 3,500원을 받았습니다. 그래서 월남에 가려는 지원병들이 많이 있었습니다. 채의숭 소대장은 지원병을 선발하는 면접관이었습니다. 지원자 중 조상기 일병이 있었습니다. 너는 왜 월남에 가려느냐? 물었지만 조 일병은 묵묵부답이었습니다. 그는 전라북도 고창 출신으로 책임감이 강하고 성실한 병사였습니다. 왜 대답이 없나? 재차 묻자 조 일병이 한참 눈치를 살피더니 입을 열었습니다.

'우리 마을에는 일찍이 복음이 들어왔습니다. 가정집에서 예배를 드리고 있는데 집이 낡아 비가 샙니다. 낮에는 농사를 짓고 밤에는 흙벽돌을 찍어 예배당을 짓다가 군에 입대했습니다. 비가 오면 벽이 무너지는 바람에 몇 년째 헛고생만 했습니다. 군에 입
대하는 날 저는 교인들에게 눈물을 흘리며 고백했습니다. 교회를 다 짓지 못하고 군대에 가서 미안하다고요. 그 대신 군대에 가서 월급을 받으면 꼭 교회로 보내드리겠다고요. 월남에 가려는 것도 교회 건축을 위해서입니다. 꼭 가게해 주세요.'

 채의숭 소대장이 알아보니 조 일병은 지급받는 건빵과 화랑담배를 모아두었다가 팔아서 그것까지 고스란히 교회로 보내고 있었습니다. '조 일병, 만약 월남에서 근무하다 총에 맞아 죽으면 모든 것이 끝난다. 그래도 괜찮은가?' 그 때 조상기 일병이 대답했습니다. '소대장님, 생명을 바쳐서 교회를 지으려 하는데, 어찌 하나님이 저를 보호하지 않으시겠습니까? 베트콩의 총알도 제 가슴을 뚫지 못할 겁니다.'

 목회자의 입장에서 보면 오늘날 교회는 갈수록 손님만 늘어나는 것 같은 생각을 떨쳐버릴 수 없습니다. 기존 성도들도 갈수록 '손님화' 되는 듯한 인상(印象)을 지울 수 없습니다. 제 형님 두 분도 그 시절 월남에 다녀왔습니다. 책을 읽으며 조상기 일병의 남다른 교회사랑에 눈물이 맺힙니다.

Chapter 5
교회와 교우

# 쉬어가는 길이 성공하는 길이다

1848년 1월 24일의 일이었습니다. 당시 미국 서부 캘리포니아 세크라멘토에 살던 젊은 목수 제임스 마셜이 한 물레방앗간을 수리하고 있었습니다. 작업 중 방앗간 옆을 흐르는 개천 바닥의 모래가 금빛으로 빛나는 것을 보았습니다. 물속으로 들어가 자세히 살펴보니 개천 바닥이 온통 사금(砂金)이었습니다.

뜻밖의 황금을 발견한 마셜은 그것을 독차지하기 위해 비밀리에 그 인근 땅을 매입하려고 하였습니다. 그러나 마셜과 함께 일하던 인부에 의해 비밀이 누설되었고, 불과 수개월 만에 그 소문이 온 미국 대륙에 퍼지게 되었습니다. 그때부터 사람들은 서부로, 서부로 몰려들기 시작했습니다.

당시 미국에서 가장 발달된 곳은 동부였습니다. 따라서 주로 그 곳의 많은 사람들이 황금의 꿈을 안고 서부를 향해 달렸습니다. 지금 동부 뉴욕에서 서부 로스앤젤레스까지의 거리는 4,800km입니다. 버스로 이동시에는 3일, 비행기로 6시간이나 걸립니다. 시차도 3시간이나 되는 먼 거리입니다. 당시는 험한 길을 마차로 이동해야 했고, 가족들도 함께했으니 수개월이 걸려야 했습니다. 그럼에도 사람들은 쉬지 않고 달리고 또 달렸습니다. 왜냐면 남보다 먼저 도착하여 좋은 땅과 황금을 차지하면 그만이기 때문입니다.

서부로 마차를 달리는 무리 가운데는 청교도들도 있었습니다. 그들도 열심히 달렸습니다. 그렇지만 아무리 달리고 싶어도 달릴 수 없는 날이 있었습니다. 안식일(주일) 만큼은 달
릴 수 없었습니다. 그날은 가족을 모아 동료들과 예배를 드리고, 마차도 정비하며 쉼을 가졌습니다. 덕택에 말들도 쉴 수 있었습니다.

서부에 도착해 보니 앞서갔던 대부분의 사람들이 보이지 않았습니다. 정신없이 수개월 달리다보니 사람도 말도 지치고 병들어 중도에 쓰러졌던 것입니다. 보이는 몇몇의 사람들도 병색이 완연했습니다. 결국 좋은 땅과 황금은 청교도들이 쥐게 되었습니다.

일주일에 한번은 쉬어가면 좋겠습니다. 성적이 뒤처지는 것 같고, 손님 다 뺏기는 것 같아도 실상은 그렇지 않습니다. 쉬어 가는 이 길이 하나님이 정하신 성공하는 길입니다. 일주일에 한번 쉬어 가되 하나님 품 안에서 쉬어야겠습니다. 세상에서의 쉼은 더 피곤하기 때문입니다. 안식일도 없이 미친 듯이 마차를 몰아대는 크리스천들을 보면 목자적(牧者的) 마음이 시립니다. 교우들이 이 가르침을 믿어주면 좋겠습니다. '해 아래에서 보니 빠른 경주자들이라고 선착하는 것이 아니며'(전 9:11) 그렇다면 쉬어가는 길이 성공하는 길입니다.

Chapter 6
교회와 교우

# 바보나라와 꾀보나라

- 
- 
- 

옛날 바보나라와 꾀보나라가 서로 이웃하여 살고 있었습니다. 바보나라는 왕으로부터 온 국민이 모두 바보인 반면에 꾀보나라는 왕이나 신하에서 온 백성에 이르기까지 모두 꾀가 많아 말 그대로 꾀보나라였습니다.

어느 날 두 나라 사이에 전쟁이 일어났습니다. 전쟁 전에 꾀보나라에서 바보나라로 정탐꾼을 보냈습니다. 정탐꾼이 바보나라에 들어가서 처음 본 광경은 문짝을 등에 지고 가는 사람이었습니다. 사연을 물은즉 제아무리 도둑이라도 문짝이 없는 집에 도둑이 어떻게 들어오겠느냐며 도둑이 들어오지 못하도록 문짝을 메고 간다는 것입니다. 다음에 만난 사람은 자기 집 담장을 높이 쌓고 있었는데 어제 정원에 날아든 예쁜 새가 도망가지 못하도록 담장을 쌓고 있다는 것입니다.

꾀보나라 정탐꾼이 볼 때 하나같이 바보노릇만 하는 사람들이 모여 사는 문자 그대로 바보나라였습니다. 정탐꾼은 돌아와 임금님께 지금 당장이라도 전쟁하면 자기네가 이길 것이라 보고했습니다. 이야기를 들은 왕과 모든 신하들은 큰소리로 웃으면서 무기를 챙겨 출정하였습니다. 그런데 막상 전쟁이 시작되자 전쟁을 치르는 곳마다 바보나라가

이기고 꾀보나라는 매번 패하고 말았습니다.

이유인즉 꾀보나라는 임금부터 온 백성이 모두 꾀보인지라 임금님이 작전을 세워 공격하고자 하면 신하들이 좋은 꾀를 내어 새 작전을 제안했습니다. 그러면 또 다른 신하가 자기 꾀가 더 좋다고 주장을 폈습니다. 그래서 뭐 하나라도 제대로 할 수가 없었습니다. 뿐만 아니라 위험하고 힘든 일이 닥치면 꾀가 많은지라 모두들 이리저리 빠져나갔습니다.

바보나라는 달랐습니다. 임금님이 공격(攻擊)을 외치면 모두 죽을 줄 모르고 공격을 해대고, 후퇴(後退)하면 다 이긴 것이나 다름없는데도 후퇴했습니다. 그래서 결국 바보나라가 꾀보나라를 이길 수밖에 없었던 것입니다.

사람과 관련하여 '보'는 '꾀보'와 '바보'가 있습니다. 국가에도 꾀보보다 바보백성이 많은 나라가 발전합니다. 회사도 꾀보보다 바보 사원이 많은 회사가 성장합니다. 교회도 마찬가지입니다. 꾀보보다 바보신자가 많은 교회가 부흥합니다. 여러분께 조용히 여쭤봅니다. 그대는 꾀보입니까? 바보입니까?

Chapter 7
교회와 교우

# 딱 하루에 참 많은 것을 보았구나

전병욱 목사님의 책 〈자신감〉에 이런 이야기가 있습니다. 한 여성이 20대 초에 결혼하여 23세에 남편이 유복자를 남겨놓고 죽었습니다. 청상과부가 된 여인은 시장에서 온갖 장사를 하며 딸을 길렀습니다. 어머니의 희생 덕분에 딸은 대학을 나오고 유학까지 다녀와 마침내 유명 대학의 교수가 되었습니다.

그 사이 딸은 가정을 이루었고 40세를 넘어 이젠 안정된 생활을 하게 되었습니다. 어느 날 늙어버린 어머니를 보며 고마움이 솟구쳐 말했습니다. '어머니 원하는 것이 있으면 뭐든지 말씀하세요? 제가 다 사드릴게요.' '나는 네가 잘되는 것이 큰 기쁨이야. 다른 건 아무것도 바라지 않는다.' 어머니의 말은 진심이었습니다.

딸이 계속 다그치자 주일에 나를 교회까지 태워주면 좋겠다고 하였습니다. 형편이 넉넉해지자 좋은 집으로 이사를 하여 멀어지고 교통편도 불편했기 때문입니다. 딸에게 그것은 어려운 일이 아니었습니다. 교회에 도착하자 교인들은 권사님의 오랜 기도가 이루어졌다고 좋아했습니다. 목사님으로부터 유명대학 교수님이 오셨다는 소개도 받았습니다.

그런데 예배 후 휴게실에서 잠시 쉬는 동안 여성들이 큰 소리로 남을 흉보고 헐뜯고 있었습니다. 불쾌하여 자리를 뜬 딸은 2층 통로 의자에

앉자 교회집사라는 사람이 아들의 부정입학을 부탁했습니다. 교회집사가 어떻게 저럴 수 있는가 화가 치밀었습니다. 이번에는 옆방 문이 열리더니 회의 중 싸우는 소리가 바깥까지 들렸습니다. 놀라운 것은 욕설까지 퍼부어댔습니다.

더 참을 수 없어 치밀어 오르는 분을 억누르고 어머니를 찾아 손을 잡아끌며 말했습니다. '어머니, 다시는 교회오지 마세요. 일요일이면 내가 소풍모시고 다닐 테니 다시 교회에 오지 맙시다.' 상황이 심상치 않은 것을 알아차린 어머니가 물었습니다. '너, 왜 그러니?' 어머니는 항상 딸의 투정, 짜증까지 다 받아주던 분이셨습니다. 그런데 오늘 어머니의 태도와 표정에는 단호함이 서려 있었습니다. 어머니의 단호함에 주눅이 든 딸의 자초지종을 듣고 어머니가 말했습니다.

　　'나는 평생 교회를 다니면서 예수님만 보았는데,
　　너는 딱 하루 교회에 와서 참 많은 것을 보았구나.'

딸은 큰 충격을 받았습니다. 억척스럽고 무식한 어머니가 그저 기복신앙으로 교회에 다닌다고 생각했는데 오늘 어머니의 말과 태도는 범상치 않아 보였습니다. 자기와 비교할 수 없는 높은 수준의 신앙심이 느껴졌습니다. 어머니는 자기처럼 저속하게 문제만 바라보는 눈이 아니라 예수님을 보고 신앙을 다듬어온 분이셨습니다. 어머니의 깊은 신앙에 교수 딸은 무너져 내렸습니다.


광산(鑛山)에는 황금만 있는 것이 아닙니다. 온갖 잡석(雜石)들이 있습니다. 그 속에서 광부는 황금을 찾고 캐냅니다. 교회에서 우리가 바라봐야 할 오직 한 가지는 예수님입니다.

Chapter 8
교회와 교우

# 초모랑마 원정대

- 
- 
- 

    2004년 5월 18일 에베레스트 원정대장 박무택(36세)과 대원 장민(26세)은 몇 시간의 사투 끝에 8,848m의 정상에 우뚝 섰습니다. 대구 계명대학교 산악부 출신들로 구성된 대원들은 모교 개교 50주년을 기념하고자 도전했던 것입니다. 하지만 기쁨도 잠시 이날 오후 베이스캠프에 무전기를 타고 흘러온 소식은 충격적이었습니다. 하산하던 이들은 탈진하기 시작하였고 박무택 대장은 설맹(雪盲)까지 겹쳐 움직일 수 없는 상황이었습니다. 박무택 대장은 장민에게 '나는 가망이 없다. 눈이 보이지 않는다. 먼저 내려가라'고 명령했습니다.

    이후 박무택 대장은 비박(Bivouac, 천막이나 텐트를 사용하지 않고 밤잠을 자는 것)을 통보하고는 숨쉬기 힘들다는 말을 끝으로 교신이 끊어졌습니다. 세르파(Sherpa, 히말라야 등산대의 짐을 나르고 길을 안내하는 인부)도 포기한 상황에서 홀로 구조하러 올라간 백준호 대원도 실종되고 말았습니다. 사흘 후 박무택 대장의 시신은 로프에 달린 채 발견되었습니다.

    그로부터 1년 뒤 엄홍길을 대장으로 하는 15명의 '초모랑마(에베레스트의 티벳말) 휴먼원정대'가 결성되었습니다. 박무택의 시신을 수습하기 위한 원정대였습니다. 원정대는 이번 임무를 위해 한라산에서 7박 8일간 시신운구 훈련을 하였으며, 도르래를 이용하여 시신을 끌어 내리는 특수 장비도 준비하였습니다.

원정대는 초속 20m 눈보라에도 3캠프에서 출발하여 4시간 30분 만에 2005년 5월 29일 오후 1시 20분 경 8,750m 지점 80도 암벽 로프에 달려 있는 시신에 도착하였습니다. 얼어붙은 시신이 손상될까봐 3시간이 넘도록 조심스럽게 얼음을 떼어냈어도 100kg이 넘었습니다. 2km 거리인 3캠프로 시신 이동을 시작했지만 어려움이 너무 많았습니다. 50m의 깎아지른 절벽과 급경사의 바위지대를 통과하는 데는 혼자 몸으로도 내려오기 힘든 코스입니다. 100m 나아가는데 2시간 이상이 소요될 만큼 생사를 넘나드는 상황이었습니다. 결국 대원들은 베이스캠프까지의 이송을 포기하고 적당한 곳에 눕히고 돌무덤을 만들어 주었습니다.

'초모랑마 휴먼원정대' 대장 엄홍길은 떠나기 전 이렇게 말했습니다. '한국 사람들은 숨진 동료를 차가운 산 속에 남겨 두
지 않는다는 것을 보여줄 겁니다.' 생명이 없는 시신을 찾는 일이지만 엄청난 시간과 재물과 나아가 생명까지 바치려했던 그 분들의 동료애(同僚愛)가 귀합니다. '초모랑마 휴먼원정대' 그들은 죽은 시신을 건져내는 일에도 자신을 돌보지 않았습니다. 우리의 VIP축제는 죽은 시신이 아니라 아직 살아있는 사람을 건져내는 일입니다. 뜨거운 인간애(人間愛)로 함께했으면 좋겠습니다.

Chapter 9
교회와 교우

# 도망간 암탉 한 마리

- 
- 
- 

　오랜 생각 끝에 필리핀으로 임지를 정하고 한 외진 마을에 도착한 선교사님이 있었습니다. 문화, 토양, 언어, 기후가 다른 그 곳에서 몇 년을 지내다 보니 몸이 많이 약해졌습니다. 사랑하는 아내가 시장에서 암탉 두 마리를 사왔습니다. 비실대는 남편의 몸보신을 위해서였습니다. 한 마리는 마당에 묶어 놓고 한 마리는 푹 고아 기름이 둥둥 뜬 채로 남편에게 가져왔습니다. 밥상에 앉아 숟가락을 드는 순간 일이 벌어졌습니다. 마당에 묶어두었던 닭이 끈이 풀려 울타리를 넘어 도망을 간 것입니다.

　선교사님은 그 닭을 잡으려고 쫓아나갔습니다. 그 닭은 울타리 넘어 수렁을 지나 건넛집 지붕에 있었습니다. 바지를 걷어붙이고 긴 장대를 들고 수렁을 건너 그 집에 당도했지만 닭은 또 다른 이웃집으로 도망갔습니다. 대문을 열고 조심조심 다가갔지만 닭은 또 다시 다른 집으로 폴짝 넘어가고 말았습니다. 동네아이들에게 도움을 구했습니다. 그러나 헛수고였습니다. 필리핀 촌닭이 얼마나 날쌘지 한 나절이 지났음에도 닭과의 숨바꼭질은 계속되었습니다. 닭 한 마리를 잡기 위해 온 마을 집집마다 다 누비고 다녔습니다.

　지칠 대로 지친 선교사님 입에서 저절로 기도가 나왔습니다. '주여,

저 닭을 잡게 해주십시오.' 그런데 그때 불현듯 주님의 말씀이 생각났습니다. '너희 중에 어떤 사람이 양 백 마리가 있는데 그 중의 하나를 잃으면 아흔아홉 마리를 들에 두고 그 잃은 것을 찾아내기까지 찾아다니지 아니하겠느냐 또 찾아낸즉 즐거워 어깨에 메고 집에 와서 그 벗과 이웃을 불러 모으고 말하되 나와 함께 즐기자 나의 잃은 양을 찾아내었노라 하리라 내가 너희에게 이르노니 이와 같이 죄인 한 사람이 회개하면 하늘에서는 회개할 것 없는 의인 아흔아홉으로 말미암아 기뻐하는 것보다 더하리라.' (눅15:4-7)

그것은 충격이었습니다. 사실 한 영혼을 위해서는 집집마다 찾아다니지 않았는데 닭 한 마리를 위해서는 팔다리를 걷어붙이고 뛰어다니는 자신의 실체를 본 것입니다. 그것은 선교사로 부름 받았음에도 몇 년 사이 식어진 영혼사랑에 대한 깨우침이었습니다. 한 영혼보다 닭 한 마리를 더 아꼈던 삶의 각성이었습니다. 그 자리에서 장대를 놓았습니다. 그리고 돌아와 아내와 나눔의 시간을 가졌습니다. 살아가야할 방향을 가늠하는 계기로 삼았습니다.

목사로서 남의 이야기 같지 않아 마음이 편하지 않았습니다. 그것은 새해 표어를 정하는 계기가 되었습니다. 새해 표어는 '유람선(遊覽船) 인생이 아닌 구조선(救助船) 인생을 살자' 입니다. 교회공동체는 유람선과 구조선 이미지 중 어느 것이 적합할까요? 구조선에 승선한 우리가 지나치게 닭 한 마리만 집중해서 살아온 것은 아닌지요? 새해에는 하나님의 마음으로 세상을 보는 눈이 새눈이 열렸으면 좋겠습니다. 그분이 많이 기뻐하시도록.

Chapter 10
교회와 교우

# 울지 않는 수탉

- 
- 
- 

　옛날 어느 시골에 한 농부가 있었습니다. 새벽부터 일을 해야 함에도 불구하고 새벽잠이 많은 터라 어려움을 겪고 있었습니다. 고민하던 농부에게 무릎을 치며 좋은 생각이 떠올랐습니다. 그날따라 장이 서는 날이라 그는 장터에 나갔습니다. 닭을 파는 곳을 찾아간 그는 가장 큰 소리로 우는 수탁이 어느 것이냐고 물었습니다. 커다란 수탉 한 마리를 품에 안고 오면서 농부는 이제야말로 새벽잠을 이길 수 있다고 기뻐했습니다. 수탉이 새벽마다 울어 그를 깨워줄 것이라는 생각에 농부는 수탉을 극진히 대접했습니다.

　다음날 새벽이었습니다. 농부는 또 새벽잠에 일어나지 못했습니다. 어제사온 수탉이 울지 않았기 때문이었습니다. 농부는 환경이 낯설어서 그런가보다 생각하고 다음날을 기다렸습니다. 그런데 다음날에도 이 수탉은 울지 않았습니다. 그 다음날도 마찬가지였습니다. 이렇게 일주일을 지내며 별별 방법을 다해보았지만 헛일이었습니다. 농부는 속았다는 생각에 화가 치밀어 다음 장날 수탉을 팔아 남긴 시장주인을 찾아 따졌습니다.

　얘기를 다 듣고 난 시장주인이 농부에게 물었습니다. '먹이는 잘 주었습니까?' '물론이요 하루에 두 번씩이나 주었소.' '집은 만들어 주었습니까?' '물론이요 새 닭장을 만들어 주었소.'

고개를 갸우뚱하며 주인이 다시 물었습니다. '아! 닭장에 암탉을 넣어주었습니다' '물론이요 가장 잘생긴 암탉을 넣어주었소.'

그때 주인이 퉁명스럽게 말했습니다. '그러니까 울지 않지요. 생각해보시오. 집이 좋고, 먹을 것이 풍족하고, 게다가 미모의 암탉까지 있는데 무엇이 부족해서 수탉이 울겠소. 나 같아도 울지 않을 것이오.' 주인의 말이 이어졌습니다. '당장 가서 닭장과 암탉을 치우고, 먹이도 주지 마시오.' 그렇게 했더니 농부의 수탉은 그 다음날 새벽에 동네가 떠나갈 듯 울기 시작하였습니다.

교회마다 크리스천은 많지만 기도하는 크리스천은 많지 않아 보입니다. 오늘날 크리스천들이 수탉처럼 부족함이 없어 기도소리가 터지지 않는다면 안타까운 일이 아닐 수 없습니다. 어려울 때 더욱 기도의 소리를 높이는 것은 당연합니다. 그렇다고 형편이 어렵게 되어야만 기도소리가 터진
다면 수탉수준에 머물러 있는 것입니다. 기도는 우리의 생명줄입니다. 평상시(平常時)나 비상시(非常時)나 기도와 함께 살아가면 좋겠습니다.

Chapter 11
교회와 교우

# 어느 여대생의 경우

- 
- 
- 

　지난 12일 제11회 '부산국제영화제'가 열렸습니다. 아시아 신인감독을 발굴하고 아시아 영화를 세계에 소개하는 이 영화제입니다. 영화제를 통하여 우리 부산은 아시아 영상 산업의 중심지로 그리고 아시아 영상 문화의 전진 기지로 거듭나고 있습니다. 올해는 유럽 35개국, 미주 5개국, 아시아 18개국 그리고 아프리카 4개국 총 62개국에서 총 246편의 영화가 참여하고 있습니다. 영화를 사랑하는 사람들에게 좋은 기회가 될 것입니다.

　영화제나 시상식에는 '레드카펫행사' 라는 것이 있습니다. 주최 측에서 초청한 유명한 스타들이 식장으로 입장하는 행사를 가리킵니다. 입장하는 길에 관습적으로 붉은색 카펫을 깔아놓았기 때문에 그렇게 불립니다. 스타들은 정해준 순서를 따라 레드카펫을 밟고 입장합니다. 이번 영화제는 약 100m의 레드카펫 길을 만들었습니다. 이 길을 걷는 순간은 스타들이 가장 멋진 패션으로 미모를 뽐내는 순간입니다. 이번에도 국내외 정상급 스타 150여 명이 초대되어 이 레드카펫행사에 참석했다고 합니다.

　엊그제 13일(금) 저녁밥을 먹을 무렵 부산일보에 소개된 부산국제영화제 토막소식을 접하게 되었습니다. 레드카펫 행사는 저녁 7시 수영만 요트장에서 있었습니다. 사람들은 좋은 자리를 차지하기 위해 일찍부터 줄을 섰다고 합니다. 가장 먼저 줄선 사람은 윤 모(22세) 여대생인데 새벽 6시부터 줄을 섰다고 합니다. 시작 한 시간 전에 입장했으니 무려 12시간이나 줄을 섰다는 얘깁니다. 도시락까지 챙겨와 먹으면서 뙤약볕 아래 12시간을 기다렸던 것입니다. 그날은 목요일인데 아마 수업도 포기했던 것으로 생각합니다. 단지 배우들을 좀 더 가까이 볼 수 있는 좋은 자리 때문입니다.

세상 사람들은 자기 관심거리에 열정을 불태웁니다. 저는 우리의 관심거리 즉 예배, 영혼구원에 대해 생각해 보는 기회가 되었습니다. 저는 이렇게 물어보고 싶습니다. 한 사람의 영혼을

(부암제일교회 새성전)

구원하기 위해 그 집 문밖에서 12시간을 기다릴 수 있겠습니까? 주일예배에 입장하기 위해 12시간을 기다리라면 어떻게 하겠습니까? 예배의 좋은 자리를 위해 단 10분이라도 먼저 도착해야하겠다는 생각을 한 번이라도 해보았습니까? 우리교회는 주일예배든 수요영성기도회든 대략 30% 정도가 지각하시는 분들입니다.

우리교회의 주일예배는 1부, 2부, 3부로 대문을 활짝 열어놓고 있습니다. 기다릴 필요도, 도시락을 가져올 필요도 없습니다. 부산국제영화제에 나타난 어느 여대생을 보며 우리의 영적 열정을 되돌아보면 좋겠습니다.

# PART 6

## 농부와 가축 네 마리

(사심과 사명)

*Selfishness and Mission*

- 농부와 가축 네 마리
- 사심과 사명
- 비교의식과 창조의식
- 거고 직업십계
- 마사다
- 소설가와 개
- 눈을 감고 맞은 이유
- 그 다음은?
- 아치볼드가 받은 초청장
- 아무것도 하지 않았다
- 세 가지 소원

Chapter 1
사심과 사명

# 농부와 가축 네 마리

한 시골에 큰 농장을 경영하는 농부가 살고 있었습니다. 그에게는 한 집에 살아가는 네 마리의 동물(수탉, 황소, 개, 돼지)이 있었습니다. 이런 동물들을 가축(家畜)이라 부르는 것은 야생동물과는 달리 인간과 함께 살면서 일손을 도우라는 하나님의 사명 때문입니다. 네 마리의 가축들 역시 그 농부 집에서 일손을 도우며 먹고 살도록 보내졌습니다. 일손이 가장 바쁜 가을 추수가 마무리될 무렵 하나님은 네 마리 가축들이 농부의 일손을 잘 돕고 있는지 알고 싶어 찾아오셨습니다.

하나님은 네 마리의 가축들을 마당에 불러놓고 먼저 소에게 물었습니다. '황소야, 너는 지난 한 해 동안 어떻게 농부를 도왔느냐?' '봄에는 새벽에 일어나 논과 밭을 갈고 거름더미를 나르고 가을에는 볏짐을 날랐습니다.' '그래, 수고가 많았구나. 일 잘했으니 뿔을 상으로 주노라.'

다음으로 수탉의 차례가 되었을 때 그가 말했습니다. '저는 새벽마다 우렁찬 목소리로 주인을 깨워 밥을 짓고 새벽일을 하게했습니다.' '너도 수고가 많았구나. 너에게는 벼슬을 상으로 주마.'

세 번째로 개가 말했습니다. '저는 밤에 자지 않고 주인이 땀 흘려 거둔 곡식과 재산을 지켰습니다. 낮에도 낯선 사람이 오면 짖어댔습니다.' '너에게는 다리 하나를 더 달아 주마.' 개는 뒷다리가 하나뿐이었답니다. 때문에 개는 소변 볼 때 묻지 않도록 상으로 받은 뒷다리를 들고 볼일을 본다고 합니다.

　이제 남은 건 돼지였습니다. 하나님이 물었습니다. '너는 지난 한 해 동안 어떻게 농부를 도왔느냐?' 돼지는 할 말이 없었습니다. 한 번 더 재촉하며 물었어도 돼지는 유구무언(有口無言)이었습니다. 먹고 자는 일로만 세월을 보냈기 때문입니다. 화난 하나님은 칼을 빼어 돼지를 내리쳤으나 돼지가 피하는 바람에 주둥이가 잘려버리고 말았습니다. 본래 돼지주둥이는 뾰쪽하였는데 하나님의 칼에 맞아 오늘날처럼 되었다고 합니다.

　네 마리 동물이야기는 누군가 만들어낸 동화지만 주는 메시지는 적지 않다고 봅니다. 하나님은 '누구든지 일하기 싫어하거든 먹지도 말게 하라' (살후 3:10) 하셨습니다. 우리교회는 새 해 일꾼을 찾고 있습니다. 교회에 할 일 많음에도 할 일 없는 듯 팔짱 낀 일부 교우들을 보면 마음이 아픕니다. '착하고 충성된 종아 네가 작은 일에 충성하였으매 내가 많은 것으로 네게 맡기리니 네 주인의 즐거움에 참예할지어다' (마 25:23) 하나님의 마당에서 칭찬과 상을 받은 저와 여러분이 되었으면 좋겠습니다.

Chapter 2
사심과 사명

# 사심과 사명

수년 전 최규하 전 대통령이 세상을 떠났습니다. 암울했던 12?12사태 뒤 제 10대 대통령에 올라 5?18 광주민주화 운동이 일어나자 8개월 만에 사임하기까지 가장 짧은 임기(8개월)를 보낸 '비운(悲運)의 대통령'이었습니다. 한편으로는 신군부 앞에 무력하기 짝이 없는 '나약한 대통령' 으로 비쳐지기도 하였습니다. 이런 이미지를 남기고 세상을 떠난 뒤 그의 집이 공개되었습니다.

1973년부터 33년간 살았던 서교동 집에 남긴 유품은 그 분의 가려졌던 모습을 보여주었습니다. 서거(逝去)하기까지 신었던 '태화고무' 상표의 흰 고무신은 닳고 닳아 밑바닥이 구멍 날 정도였습니다. 역시 서거하기까지 매일 뉴스를 듣던 라디오는 1970년대 초에 생산된 '금성 RF-745' 제품이었습니다. 선풍기는 장녀 종혜 씨가 태어난 1953년 제품이었다고 합니다. 에어컨이 있었지만 너무 구식이고 소리가 커서 평소 손님이 오기 전에 켜놓았다가 오면 아예 꺼버렸다고 합니다.

특히 1979년 국무총리시절 제2차 오일파동 때 강원도 장성탄광을 시찰하는 중 광부들을 보고는 '나만이라도 끝까지 연탄을 사용하겠다.' 고 약속하였습니다. 그 후 방안은 난로를 피워야 할 정도로 냉골이었지만 서거하기까지 30년 가까이 그 약속을 지켰습니다. 검소하기는 2년 전에 먼저 세상을 떠난 부인 홍기 여사도 마찬가지였다고 합니다. 홍 여사는 남편의 장관시절이나 국무총리 시절에도 가정부를 두지 않았으며, 자택 마당에 있는 샘에 펌프를 설치하고 직접 손빨래를 했다고 합니다.

그러나 제가 생각하는 최규하 전 대통령의 진면목(眞面目)은 검소함이나 신실함보다 사심(私心)이 아닌 사명(使命)에 산 사람이라는 것입니다. 최 전 대통령과 가까운 친척인 최서면

(대통령 취임식)

국제한국연구원장은 기고문을 통해 이렇게 회고하였습니다. 최 전 대통령은 국무총리 시절 사돈을 교육감 후보에서 탈락시켰다 합니다. 친누나가 국무총리 담당의사에게 치료를 받도록 해달라고 부탁하자 그런 규정이 없다며 일언지하(一言之下)에 거절했다고 합니다.

새해가 밝았습니다. 새해는 사심이 아니라 사명에 인생을 걸었으면 좋겠습니다. 사심이 판을 치는 세상에서 사명으로 살아 어둔 세상을 밝혔으면 좋겠습니다.

Chapter 3
사심과 사명

# 비교의식과 창조의식

사람들이 흔히 자신도 모르게 젖어 사는 비교의식(比較意識)이란 것이 있습니다. 이것은 모든 면에서 타인과 비교하여 자신의 가치를 평가하는 것입니다. 자신의 외모를 타인과 비교합니다. 재산이나 학벌을 비교합니다. 더 나아가 아파트나 자동차 심지어 배우자, 자녀까지 남과 비교하며 자신의 것을 평가합니다.

이러한 비교의식은 건강한 자아상을 세우기 어렵습니다. 비교의식은 필연적으로 두 개의 감(感)을 동반하기 때문입니다. 첫째는 열등감입니다. 남과 비교하여 나쁘거나 모자란다 싶으면 가정이나 사회를 탓합니다. 불평이나 원망을 일삼습니다. 때론 도전정신을 잃고 무력하게 하루하루를 살아갑니다.

또 하나는 우월감입니다. 남과 비교하여 괜찮다 싶거나 훨씬 좋다 싶으면 어깨가 으쓱해집니다. 우월감은 다른 사람을 무시하거나 멸시하는 한편 교만에 뿌리를 두고 있습니다. 걸핏하면 남을 흉보거나 혹은 자기자랑으로 일관합니다. 이처럼 열등감이나 우월감에 빠진 사람이 건강한 자아를 가꾸며 밝은 미래를 열어가기란 낙타가 바늘구멍으로 들어가는 것만큼이나 어려운 일입니다.

한편 소수의 사람들은 창조의식(創造意識)을 가지고 밝은 미래를 열어가고 있습니다. 이것은 하나님께서 자신을 창조하셨다(창1:27,28)는 믿음아래 자신의 가치를 평가하는 것을 말합니다. 결코 남과 비교하여 자아상을 세우지 않습니다. 창조의식의 사람도 두 가지 감(感)을 동반합니다. 첫째는 자존감입니다. 그는 자신을 하나님의 유일한 작품으로 생각합니다. 상품은 그 수가 많고 값이 매겨져 있습니다. 작품은 오직 하나뿐이고 값이 매겨져 있지 않습니다. 잠잠히 생각하여 보십시오. 현재 이 땅에 살고 있는 수십억의 사람뿐만이 아니라 죽은 모든 사람을 통털어도 자신과 똑 같은 사람은 한 사람도 없습니다.

또 하나는 사명감입니다. 사명이란 '심부름 받은 목숨'을 가리킵니다. 창조의식의 사람은 자신이 우연이 아니라 하나님의 심부름 받아 이 땅에 왔다고 생각합니다. 따라서 사는 동안 하나님의 비전(심부름)을 구하고 그 일에 매진하는 삶을 살게 됩니다. 수입의 많고 적음에 관계없이 사람의 박수갈채와 관계없이 묵묵히 그리고 열정적으로 그 심부름을 위해 자기 인생의 양초를 태우게 됩니다.

창조의식을 가진 사람은 남과 비교하여 일희일비(一喜一悲)하지 않습니다. 그는 어떤 형편이든지 자신을 향하신 하나님의 선한 뜻을 묵상합니다. 한 손

엔 자존감 또 한손엔 사명감으로 세상을 향해 큰 소리 외치며 나아갑니다. 우리 사회가 아직도 소망이 있음은 이런 사람 때문입니다.

Chapter 4
사심과 사명

# 거고 직업십계

- 
- 
- 

    거창고등학교 홈피에 들어서면 이런 인사말을 읽을 수 있습니다. '거창고등학교는 지리산과 덕유산이 멀리 보이는 인구 4만의 작은 도시 거창읍에 자리 잡고 있습니다. 여호와를 경외하는 것이 지식의 근본이라는 교훈과 기독교 정신을 바탕으로 민주 시민을 양성하는 것이 우리의 꿈입니다. 사회에 나가 빛과 소금의 역할을 다하고 정의와 사랑을 실천할 수 있는 인재를 길러내어 평화가 넘치는 사회를 만드는 것도 우리의 꿈입니다.'

    교육목표는 이러합니다. ▶사람은 모두 하나님의 뜻에 의해 고귀한 인격체로 이 세상에 태어났다. ▶인간의 존재 가치는 절대적인 것으로 그 무엇과도 비교될 수 없다. ▶이 세상에는 '나'만큼 귀한 '너'가 살고 있다. ▶'너'라는 존재는 이용의 대상이 아니라 사랑과 구원의 대상이며 더불어 살아가야 할 나의 소중한 이웃이다. ▶이러한 사상을 바탕으로 생명을 중시하는 신앙교육, 인간교육, 지식교육을 교육목표로 삼는다.

    직업선택의 십계(十戒)를 보면 바보 같다는 생각이 듭니다.

① 월급이 적은 쪽을 택하라.
② 내가 원하는 곳이 아니라 나를 필요로 하는 곳을 택하라.
③ 승진의 기회가 거의 없는 곳을 택하라.

④ 모든 것이 갖추어진 곳을 피하고 처음부터 시작해야 하는 황무지를 택하라.
⑤ 앞을 다투어 모여드는 곳은 절대 가지 마라. 아무도 가지 않는 곳으로 가라.
⑥ 장래성이 전혀 없다고 생각되는 곳으로 가라.
⑦ 사회적 존경 같은 건 바라볼 수 없는 곳으로 가라.
⑧ 한 가운데가 아니라 가장자리로 가라.
⑨ 부모나 아내나 약혼자가 결사반대를 하는 곳이면 틀림없다. 의심치 말고 가라.
⑩ 왕관이 아니라 단두대가 기다리고 있는 곳으로 가라.

(경남 거창군 거창읍에 자리한 거창고등학교 모습)

거고(居高)의 교육목표와 직업선택 십계에는 하나의 선명한 사실이 드러납니다. 사심(私心)이 아닌 사명(使命)에 인생을 건 사람을 길러내겠다는 것입니다. 그렇지 않고서야 어찌 신앙교육을 인간이나 지식교육보다 먼저 자리매김 할 수 있으며, 월급과 승진이 적은 쪽으로 직업을 선택하라 할 수 있겠습니까? 세상이 어두운 것은 똑똑한 사람이 모자라서가 아닙니다. 사명인생을 사는 사람이 모자라기 때문입니다. 거고 이야기를 읽으며 올해는 사심인생이 아니라 사명인생을 살았으면 좋겠습니다.

Chapter 5
사심과 사명

# 마사다(Masada)

- 
- 
- 

　마사다, 꼭 가보고 싶은 곳이었습니다. 수 년 전 기독교 유적지 순례 길에 그 곳을 둘러볼 기회가 있어 큰 기쁨이었습니다. 마사다는 요새(要塞)란 뜻입니다. 사해 서쪽 4km 지점에 있으며 높이 434m의 깎아지른 절벽위에 길이 620m 넓이 250m의 평지를 이루고 있습니다. 이 마사다 요새에는 두 사람을 중심으로 역사적인 유적이 남아있습니다.

　헤롯(Herod)왕은 이두메 즉 에돔 사람으로서 할례를 받아 유대인이 된 사람입니다. 즉 정통 유대인이 아니라는 뜻입니다. 그래서 재임기간 내내 정통 유대인의 반란을 두려워하였습니다. 유사시(有事時) 마사다에 피신할 생각으로 그곳에 평생 지낼 수 있는 왕궁을 건설하였습니다. 깎아지른 절벽에 지은 3층 구조의 호화로운 궁전을 보면 입을 다물 수가 없습니다. 빗물을 모아 사용할 수 있는 거대한 물탱크, 천혜의 지형과 기후를 이용하여 만든 곡식창고, 화려한 벽화, 찬물 뜨거운 물을 자유자재로 쓸 수 있는 로마식 목욕탕은 지금도 유적으로 남아 있어 당시 헤롯의 흔적을 볼 수 있습니다.

　한편 야일(Yair)의 유적도 볼 수 있습니다. 이스라엘은 AD 70년 로마에 의해 망했습니다. 그 때 야일은 애국주의자 967명을 이끌고 마사다에서 로마와 항전을 선언합니다. 15,000명이나 되는 실바(Silva) 장군의 공격에도 3년간이나 항전을 계속하였습니다. 그러나 운명의 날이 왔습니다. 적의 총공격에 패할 것을 예상한 야일은 전날 밤 모든 남자들을 모아놓고 마지막 연설을 합니다.

'형제들이여 우리의 아내가 욕을 당하기 전에, 자식에게 노예문신이 새겨지기 전에 죽음으로 자유를 택하자.' 남자들은 집에 돌아가 사랑하는 아내와 자녀들을 죽였습니다. 그리고 제비에 뽑힌 열사람으로 하여금 남은 남자들을 죽이도록 했습니다. 그리고 한 사람을 제비뽑아 남은 아홉 사람을 죽였고 최후 한 사람은 자결하였습니다. 이때가 AD 73년 4월 15일입니다. 이 사실은 한 남자가 차마 죽이지 못한 가족(여성2, 아이5)이 살아남아 유대의 역사가 요셉푸스의 책에 기록되어져 있습니다.

마사다에 남겨진 헤롯의 거대한 왕궁과 야일이 남겨놓은 돌대포알을 보면서 문득 두 단어가 떠올랐습니다. 그것은 사심과 사명이라는 단어였습니다. 마사다라는 같은 무대에서 한 사람은 사심의 흔적을 다른 한 사람은 사명의 흔적을 남겼던 것입니다. 지금도 세상이라는 무대는 같지만 헤롯으로 사는 사람도 있고, 야일로 사는 사람도 있습니다. 7월로 접어들었습니다. 이글거리는 태양처럼 세상에는 사욕(私慾)의 열정이 이글거리고 있습니다. 나그네 인생, 잠시 멈추어 서서 우리들이 남겨온 흔적이 사심(私心)인지 사명(使命)인지 뒤돌아보았으면 좋겠습니다.

Chapter 6
사심과 사명

# 소설가와 개

일본 오사카에 한 무명 소설가가 살고 있었습니다. 가난한 소설가는 개 한 마리를 키우며 외로움을 달래곤 했습니다. 개는 영리하고 충성스러워 소설가의 사랑을 듬뿍 받았습니다. 소설가는 먹거리나 생필품을 사러갈 때면 항상 개를 데리고 나섰습니다. 이렇게 수년을 동행하는 동안 개는 혼자서도 장을 보러가게 되었습니다.

바구니를 만들어 개의 목에 걸고 메모를 적어 가게로 보냈습니다. '고기 한 근 주세요' '빵 1개, 우유 2병만 주세요' 등의 메모였습니다. 물론 돈도 담아 두었습니다. 이렇게 하면 가게주인은 물건을 챙겨 담아주고 거스름돈을 챙겨주었습니다. 어느 새 소설가의 개는 그 마을에서 장보는 개로 유명해졌고 만나는 사람마다 개를 쓰다듬어 주곤 했습니다.

몇 년이 지나 소설가는 동경으로 이사를 했습니다. 그 동안 심혈을 기울여 쓴 소설이 응모에 당선되었습니다. 베스트셀러 작가가 된 그는 큰 무대에서 작품 활동을 하고 싶었기 때문입니다. 동경에서 두 주쯤 지나 짐을 다 정리하고 다소 안정을 찾았을 때였습니다. 소설가는 문득 개에게 바구니를 걸어주고 고기 2근을 사오도록 메모지를 적어 보냈습니다.

그런데 이상한 일이었습니다. 개가 돌아오지 않았습니다. 일주일이 지나고 보름이 지나도 돌아오지 않았습니다. 수 년 동안 한 번도 이런 일은 없었는데 생각하다가 문득 자신의 실수를 깨달았습니다. 오사카에서 동경으로 이사 온
사실을 잊고 있었습니다. 소설가는 개가 길을 잃고 헤매다가 집을 못 찾았을 것이 생각하고 단념하였습니다.

   그 후 한 달하고도 보름이 지난 어느 날 밤이었습니다. 소설가는 문을 긁는 소리에 놀라 현관문을 열었습니다. 대문 밖에는 고기가 상해 냄새가 풍기는 바구니를 목에 건 채로 개가 서 있었습니다. 몰골이 앙상한 채 숨을 헐떡이면서 말입니다. 개는 600km나 떨어진 오사카의 식품점을 다녀온 것이었습니다. 소설가가 눈물을 흘리며 바구니에서 고기를 꺼내자 개는 할 일을 다 했다는 듯 그 자리에 쓰러져 죽고 말았습니다.

   주인이 목에 걸어준 심부름 고기 2근을 사오라는 말에 개는 왕복 1,000km가 넘는 거리를 다녀왔습니다. 고기가 상해갈 때 그 냄새가 굶주린 그의 코를 얼마나 자극했을까요? 그럼에도 고기를 입에 대지 않았습니다. 오직 주인의 심부름 때문이었습니다. 이 대목에서 목이 멥니다. 그리고 생각해 봅니다. 무심코 던진 말 한마디지만 개는 오사카까지 밤낮으로 달렸습니다. 그리고 돌아왔습니다. 썩어 냄새나는 고기를 안고... 한 달 반이나 걸려....

   이 이야기가 사실인지 소설인지 저에겐 그것이 중요하지 않습니다. 그대에게 조용히 물어봅니다. 하나님이 그대의 목에 걸어주신 '심부름'은 무엇입니까?

Chapter 7
사심과 사명

# 눈을 감고 맞은 이유

함석헌(1901-1989) 선생은 1919년 평양고등 보통학교 졸업반 때 3·1만세운동에 참여하였습니다. 이 일로 잘못을 뉘우치라는 학교 당국의 반성문 제출을 거부하고 자퇴하였습니다. 그 후 평안도 정주에 있는 오산학교에 편입하여 설립자 남강 이승훈 선생과 다석 유영모 선생을 스승으로 모시고 젊은 시절을 보냈습니다. 동경사범학교에서 공부한 다음 1928년 귀국하여 모교인 오산학교에서 역사교사로 강단에 섰습니다.

함석헌 선생에 대한 일화가 있습니다. 선생이 모교인 오산학교에서 교사로 근무할 때의 일입니다. 하루는 학생들이 떼를 지어 교무실로 쳐들어왔습니다. 아주 문제가 많은 한 교사를 폭행하겠다고 몰려온 것입니다. 이 때 다른 교사는 다 도망갔는데 선생만이 남아 있었습니다. 그는 눈을 감은채로 고개를 숙이고 있었습니다. 흥분한 학생들은 선생을 문제의 교사로 착각하고 마구 폭력을 휘둘렀습니다.

나중에야 대상이 잘 못되었다는 것을 알게 된 학생들은 함석헌 선생께 용서를 빌었습니다. 그리고 그 때 왜 눈을 감고 고개를 숙이고 있었느냐고 물었습니다. 선생께서 말씀하셨습니다. '내가 눈을 뜨고 맞았다면 내 사랑하는 제자들 중 누가 나를 때렸는지 알 것이 아닌가? 또 자네들도 알 것이고. 그러면 내가 어떻게 강단에 서겠

(함석헌 선생)

으며 또 자네들도 나를 어떻게 보겠는가?' 이 말에 학생들은 크게 감동을 받고 함석헌 선생의 사도(師道)에 무릎을 꿇었다고 합니다.

　스승이란 자기를 가르쳐서 인도하는 사람이라는 사전적 의미를 가지고 있습니다. 말로 가르치는 것은 그리 어려운 일이 아닙니다. 지식을 전달해 주는 것도 그리 어려운 일은 아닙니다. 그러나 삶으로 가친다는 것은 결코 쉬운 일이 아닙니다. 예수님은 눈치만 보던 제자들의 발을 손수 씻어 주셨습니다.(요13장) 그 날 자신을 은30에 팔아버릴 유다도 거기 있었습니다. 예수님은 유다의 발도 씻어주심으로 참 스승의 도(道)를 보이셨습니다.

　내일(15일)은 스승의 날입니다. 이 땅에 자칭(自稱) 스승이라고 하는 사람은 많습니다. 그러나 참 스승은 많은 것 같지 않습니다. 이 세상의 혼돈과 무질서 가운데서 방황하는 청소년을 바라보며 함석헌 선생 같은 참 스승을 간절히 소망합니다. 나라에도 학교에도 참 스승이 많았으면 좋겠습니다. 나아가 우리교회 안에도 참 스승이 많았으면 정말 좋겠습니다.

Chapter 8
사심과 사명

# 그 다음은?

-
-

　프랑스의 파리 한 수도원의 입구에는 큰 돌비석이 있습니다. 그 비석에 이렇게 쓰여 있습니다. 'Apres cela, Apres cela, Apres cela'(그 다음은 그 다음은 그 다음은) 이러한 비문이 새겨진 배경은 다음과 같습니다.

　법과대학에 다니는 한 학생이 있었습니다. 형편이 좋지 않아 고학(苦學)을 하며 휴학을 반복한 끝에 졸업반까지 오게 되었습니다. 마지막 한 학기를 남겨두고는 도저히 등록금을 마련할 수 없게 되었습니다. 고민하던 학생은 어느 수도사에게 찾아가 사정을 설명하고 도움을 청했습니다. 그러자 수도사는 환하게 웃으며 말했습니다. '마침 조금 전에 어떤 사람이 좋은 일에 써 달라고 돈을 맡기고 갔는데 이건 분명 자네를 위한 것 일세.' 하며 돈뭉치를 내밀었습니다.

　하나님께서 너무나 쉽게 자신의 뜻을 이루어 주시는 것에 대해 학생은 뛸 듯이 기뻤습니다. 수도사에게 머리 숙여 감사하면서 돌아섰습니다. 그 때 '잠간만' 하고 수도사가 불러 세웠습니다. '하나 묻겠는데 자네 그 돈 가지고 뭘 하려고 하는가?' 학생이 대답했습니다. '그거 등록금 낼 거라고 말씀드렸지 않습니까?' 다시 수도사의 질문이 이어졌습니다. '그 다음은?' '공부 열심히 하겠습니다.' '그 다음은?' '졸업을 해야죠.' '그 다음은?' '법관이나 변호사가 되어 어려운 사람들을 위해 살겠습니다.' '좋은 생각이구만, 그 다음은?' '돈 좀 벌겠습니다.' '그 다음은?' '결혼하겠습니다.' '그 다음은?'

계속되는 이 심상치 않은 질문에 학생은 더 이상 대답을 못했습니다. 답이 막힌 학생을 향해 수도사가 빙그레 웃으며 말했습니다. '그 다음은 내가 말하지. 자네는 죽어야 하네. 그 다음은 자네는 하나님의 심판대 앞에 설 것 일세.'

학생은 수도원을 빠져나왔습니다. 그러나 책을 잡든 잠자리에 들든 그의 귓전에 '그 다음은… 그 다음은…' 수도사의 음성이 들려왔습니다. 어느 날 학생은 그 질문과 진지하게 마주서 보았습니다. 수도사의 말은 옳았습니다. 마지막 그 다음은 죽음이요 심판이었습니다.

그는 졸업을 하고 수도원에 들어가 수도사가 되었습니다. 그의 책상에는 좌우명(座右銘) '그 다음은 그 다음은 그 다음은' 이 놓여 있었습니다. 그는 훗날 아주 훌륭한 수도원장이 되었고 그가 죽은 다음 그를 기리기 위해 그의 좌우명을 수도원 입구비석에 기록하게 된 것입니다.

우리 주변에 근시안(近視眼)들이 적지 않습니다. 하루살이처럼 살아가는 사람들도 적지 않습니다. 집요한 노력 끝에 목표를 쟁취하였지만 그 다음을 묻지 않고 사는 사람들도 적지 않습니다. 이런 사람들이 조용히 '그 다음'을 묻는 지혜를 가졌으면 좋겠습니다.

Chapter 9
사심과 사명

# 아치볼드가 받은 초청장

석유 왕으로 불리는 록펠러의 전기에 보면 그가 신임했던 존 아치볼드(John Archibold)에 관한 일화가 기록되어 있습니다. 아치볼드는 록펠러가 세운 스탠더드 오일회사의 말단 직원이었습니다. 아무도 알아주지 않는 말단 직원 그러나 그는 그 회사를 사랑했고, 열정이 넘쳤으며, 경영주였던 록펠러 회장을 존경했습니다. 그의 열정은 남달라 누가 시키지 않아도 자신의 이름을 기입해야 하는 상황에서는 항상 '한 통에 4달러 스탠더드 오일' 이라는 문구를 빠뜨리지 않았다고 합니다. 그의 그런 열심에 같은 동료들은 좋아하지도 따라하지도 않았습니다.

어느 날 그가 캘리포니아에 있는 호텔에 묵게 되었습니다. 피곤한 몸이기에 잠을 청하려 할 때 숙박부 이름에 자신의 이름만 적었다는 것이 생각났습니다. 피곤했지만 다시 옷을 입고 로비에 내려와 자신의 이름 옆에 '한 통에 4달러 스탠더드 오일' 이라 적어 놓았습니다. 마침 그 모습을 유심히 보고 있던 한 신사가 '왜 그 문구를 적으시나요?' 묻자 '저희 회사를 알리려는 거지요. 갑자기 석유가 필요하신 분이 있거나 이 호텔에서 석유가 필요할 때 저희 회사에게 살 수 있는 확률이 높기 때문이지요.'

한 달 뒤에 아치볼드는 한 장의 초청장을 받았습니다. 록펠러 회장이 보낸 것입니다. 그 날 곁에 지켜본 신사분이 록펠러 회장이었던 것입니다. '나는 당신처럼 회사 일에 열정을 가지고 있는 사원을 옆에 두고 일하고 싶소.' 아치볼드는 그날로 본사 발령을 받았습니다. 그는 고속 승진과 함께 스탠다

(존 아치볼드)

드 오일회사를 세계 최대 기업으로 만드는데 크게 기여했습니다. 마침내 아치볼드는 사장으로 선출되었습니다.

아치몬드 이야기를 읽으며 하나님은 누구를 곁에 두고 싶어 하실까? 누구에게 크고 중요한 일을 맡겨주실까? 생각해 봅니다. 답을 아는 것은 어렵지 않습니다. 마태복음 25장에 있는 〈달란트 비유〉에 잘 나타나 있습니다. 5달란트와 2달란트 받은 사람 같은 사람입니다. 주인의 마음을 잘 알아 열심히 장사하여 남긴 사람들입니다. 이들에게 '착하고 충성된 종'이라 하며 곱빼기로 맡겨주셨습니다. 반면 1달란트 받은 사람은 주인을 오해하여 무시했습니다. 장사는커녕 감춰두고 있었습니다. 그에게 '악하고 게으른 종'이라 하셨습니다. 그리고는 있는 1달란트마저 빼앗아 버렸습니다.

오늘 우리교회는 많은 분들이 새해봉사자로 임명받았습니다. 어느 날 주님께서 우리에게도 초청장을 보내실 것입니다. 본사로 올라오라고. 5달란트를 더 내주시며 이것까지 다 맡아보라 하실 것입니다. '열정적 충성' 속에 승진이 있고, 성공이 있고, 축복이 있습니다.

Chapter 10
사심과 사명

# 아무것도 하지 않았다

- 
- 
- 

　이탈리아에서 일단의 무리가 처형을 앞두고 있었습니다. 그 사람은 자기가 다른 사람들과는 다르기 때문에 그들과 함께 처형당하는 것이 억울하다고 생각했습니다. 다른 사람들은 모두 독일군에 대한 저항운동에 가담했다가 잡혀 왔으니까 처형당하는 것이 마땅하지만 자기는 장사나 하고 돈이나 벌며 조용히 살다가 잘못 잡혀온 사람이라는 것입니다.

　그의 말이 옳았습니다. 사실 그는 저항운동과는 아무런 관계가 없었습니다. 저항운동에 아무런 관심도 없었습니다. 처형이 시작된 날 그는 미친 듯이 날뛰며 큰 소리로 외쳐댔습니다. '나는 억울합니다. 나는 저항운동을 하지 않았습니다. 나는 정말 아무것도 하지 않았습니다. 그런데 내가 왜 이렇게 억울하게 처형을 당해야 한단 말입니까?'

　1959년에 만들어진 이탈리아 영화 〈로베레 장군〉에 나오는 한 장면입니다. 제2차 세계대전 말기 독일의 나치즘에 대항하여 싸우는 이탈리아 독립투사들의 이야기를 다룬 영화입니다. 나치와 싸웠던 많은 저항 운동가들이 감옥에서 처형당할 때 저항운동에 참여한 적이 없는데도 잘못 잡혀온 한 사나이가 처형을 앞두고 억울해 하는 모습입니다.

이때 저항 운동의 대부였던 로베레 장군이 그 사나이를 향해 이렇게 말했습니다.

'형제여, 전쟁은 5년 동안이나 계속되었습니다. 수백만 명의 무고한

(영화 로베레 장군의 한 장면)

사람들이 무참히 피를 흘렸습니다. 수많은 도시들이 파괴되었습니다. 지금 조국과 민족은 멸망 직전에 놓여 있습니다. 그런데도 당신은 아무것도 하지 않았습니다. 당신이 아무것도 하지 않았다는 것, 그것이 바로 당신이 죽어 마땅한 죄입니다.' 이 말을 남기고 장군과 장군을 따르는 일행은 묵묵히 형장의 이슬로 사라졌습니다.

미움보다 더 무서운 것은 '무관심'입니다. 그것도 바로 자신의 공동체 안에서 일어난 일에 대한 무관심입니다. 크리스천으로서 교회와 복음과 하나님 나라를 위해 관심 가져주시길 바랍니다. 작은 힘이라도 보태주시길 바랍니다.

화창한 봄날입니다. 흐드러지게 핀 벚꽃의 만개(滿開)를 보는가 싶더니 이제 나풀나풀 손을 흔들며 떠나고 있습니다. 그러나 한 사나이와 로베레 장군 사이에 있었던 마지막 대화(對話)는 오래 남을 듯합니다.

Chapter 11
사심과 사명

# 세 가지 소원

마음씨 착한 할아버지와 할머니가 숲속에 살고 있었습니다. 어느 날 요정이 나타나 소원을 말하면 세 가지를 들어준다고 하였습니다. 할아버지와 할머니는 무척이나 기뻤습니다. 무슨 소원을 말하면 좋을까? 평생에 다시없는 기회인지라 곰곰이 생각하고 또 생각하였습니다. 이때 할머니가 불쑥 말했습니다. '소시지가 있으면 먹으면서 생각했으면 좋겠어.' 이 말이 끝나자마자 맛있는 소시지가 할아버지와 할머니 앞에 나타났습니다.

무의식중에 소중한 한 가지 소원을 소시지로 써버린 것을 알게 된 할아버지는 할머니를 보며 대단히 화가 났습니다. 할아버지는 뒤돌아서서 홧김에 자신도 모르게 홧김에 중얼거렸습니다. '저 소시지 보기도 싫은데 할망구 코에나 붙어버려라!' 순간 소시지가 할머니 코에 덥석 붙어 버렸습니다. 할머니의 비명소리와 함께 두 번째 소원을 써버린 것을 알게 된 할아버지는 후회하였지만 지나간 일이었습니다.

할머니는 자신의 코에 붙은 소시지를 떼어내려고 애를 썼지만 떨어지질 않았습니다. 할아버지도 힘을 합해 힘껏 당겼지만 뗄 수 없었습니다. 평생 소시지를 코에 달고 살게 된 할머니는 엉엉 울기 시작하였습니다. 당황하기는 할아버지도 마찬가지였습니다. 할 수 없이 할아버지는 하나 남은 마지막 소원을 말했습니다. '소시지야 떨어져라!' 이렇게 하여 세 가지 소원은 끝이 나고 버렸습니다.

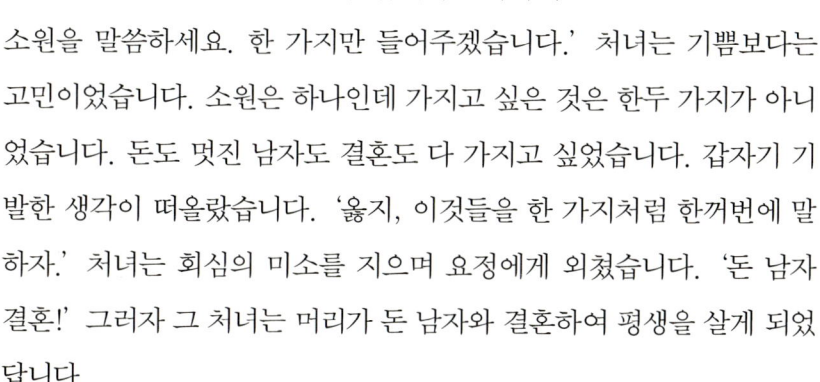

　소원 이야기를 하다 보니 또 다른 이야기가 생각납니다. 어느 날 한 처녀가 숲속 길에서 이상한 램프를 주었습니다. 램프의 뚜껑을 여니 신기하게도 요정이 나타나 말했습니다. '아가씨 소원을 말씀하세요. 한 가지만 들어주겠습니다.' 처녀는 기쁨보다는 고민이었습니다. 소원은 하나인데 가지고 싶은 것은 한두 가지가 아니었습니다. 돈도 멋진 남자도 결혼도 다 가지고 싶었습니다. 갑자기 기발한 생각이 떠올랐습니다. '옳지, 이것들을 한 가지처럼 한꺼번에 말하자.' 처녀는 회심의 미소를 지으며 요정에게 외쳤습니다. '돈 남자 결혼!' 그러자 그 처녀는 머리가 돈 남자와 결혼하여 평생을 살게 되었답니다.

　소원 없는 사람보다 있는 사람이 낫습니다. 중요한 것은 어떤 소원을 가지고 있느냐 하는 것입니다. 하나님은 우리의 소원을 들어 주십니다. 하지만 경마, 카지노, 로또를 찾는 허망한 소원이 아닌 뜻있는 소원을 들어주십니다. 우리주변에 크리스천임에도 허망한 소원을 가진 분들이 적지 않습니다. 하늘이 푸르른 가을로 접어들고 있습니다. 푸른 가을 하늘만큼이나 높은 소원을 가졌으면 좋겠습니다.

PART 7

# 한 가지가 없는
# 구멍가게

(정직과 청결)

*Honesty and
Cleanliness*

- 한 가지가 없는 구멍가게
- 한상동 목사님의 눈물
- 오늘은 장사를 못합니다
- 할머니 편지와 만원
- 만리장성으로만 안된다
- 도리와 신용
- 세보지도 않았다
- 유일한의 유언
- 진주목걸이
- 이런 부자와 저런 부자

Chapter 1
정직과 청결

# 한 가지가 없는 구멍가게

전라남도 장성군 북하면 단전리에 신촌마을이 있습니다. 70여 가구 약 300명의 주민들이 옹기종기 모여 사는 전형적인 농촌마을입니다. 요즘 이 마을은 시끌벅적합니다. 유력한 회사의 CF광고에 출연하고 여러 방송사에서 앞 다투어 방송이 나간 뒤 여기저기서 구경 오는 사람들 때문입니다. 학생들이 단체로 오기도하고 가정단위로 자녀들을 앞세워 오기도 합니다. 대체 이 구석진 마을에 무슨 일이 벌어진 것일까요? 마을회관 곁에 자리 잡은 조그마한 구멍가게 때문입니다.

지난 해 초 구멍가게가 문을 닫게 되었습니다. 주인이 서울로 떠났기 때문입니다. 하나밖에 없던 가게가 문을 닫자 불편이 이만 저만이 아니었습니다. 자잘한 과자 한 봉지, 라면 하나를 사려해도 마을 밖 시장을 다녀오든지 아니면 시내를 나가는 사람한테 부탁을 해야 했습니다. 이런 불편은 계속되었지만 누구하나 가게를 하겠다고 나서는 사람은 없었습니다. 한 달 매출총액이 고작 30만 원인데 한 달 내내 밤낮으로 가게에 매달려 본들 하루 품삯도 되지 않으니 당연하다 하겠습니다.

이장 박충렬 씨는 주민들의 불편을 나몰라라 할 수 없었습니다. 그는 고민 끝에 사비 5백만 원을 들여 아주 특별한 가게를 열었습니다. 온갖 생필품은 다 있지만 중요한 한 가지가 없는 가게였습니다. '주인'이 없는 가게였습니다. 물건 밑에 가격을 적어놓고 나무상자를 만들어 스스로 돈을 넣도록 하였습니다. 상자 옆에는 100원과 500원짜리 동전을 두어 스스로 거스름돈을 챙기게 하였습니다. 또한 공책과 연필을 두어 외상 시에는 적고 갚을 때 스스로 지우도록 했습니다. 이름하여 '양심가게'를 연 것입니다.

가게를 오픈하면서 실패하면 그냥 손해 본 셈 치자는 생각을 했었다는 이장은 되레 장사가 더 잘되고 있다고 하였습니다. 옛날에 주인이 가게를 볼 때는 좀도둑도 있었는데 지금은 그런 일도 없다고 주민들도 자랑스러워했습니다. 상아탑(象牙塔)이 아닌 남보다 배운 것도 가진 것도 많지 않은 시골 마을임에도 양심의 현장을 볼 수 있어 제게 잔잔한 감동으로 다가왔습니다.

우리 주변에 하늘의 눈을 무시한 채 사람의 눈을 피하기에 급급한 사람들이 적지 않습니다. 양심의 소리를 못들은 척 사는 사람들이 적지 않습니다. 나아가 양심의 소리를 거역하는 사람들도 적지 않습니다. 아예 양심의 소리에 귀를 막은 사람들도 있습니다. 이런 분들이 신촌마을의 양심가게를 가보았으면 좋겠습니다.

Chapter 2
정직과 청결

# 한상동 목사님의 눈물

지난 해 8월 설교교환 사역을 위해 방문했던 뉴질랜드의 오클랜드에서 있었던 일입니다. 한 날 아내, 예진이와 함께 근교 바닷가 산책을 위해 길을 나섰습니다. 차들이 많이 다니지 않는 주택가 길을 따라 걷고 있었습니다. 앞에서 승용차 한대가 정적을 울리며 마치 아는 사람이라도 발견한 듯 다가오기에 혹 제가 설교했던 한우리교회 교인인가 생각을 했습니다.

다가온 승용차의 차창이 내려지고 뉴질랜드 한 젊은이가 머리와 손을 내밀더니 우리를 향해 능멸(凌蔑)의 손가락을 펴보였습니다. 동양인에 대한 적대감이었습니다. 모욕감에 씁쓸하였지만 한편으로는 동양인이 그들 사회에 정착하면서 뿌려놓은 열매인가 싶어 자성이 되기도 하였습니다.

저는 어제 교회사무실에서 한통의 전화를 받았습니다. 그녀는 먼저 교회를 확인하고 저보고 담임목사냐고 물었습니다. 자기도 교회에 다닌다고 하며 친근감을 표시하더니 개발지역에 좋은 땅이 있으니 재테크하라는 것입니다. 쉽게 말해 좋은 물건이 있으니 투기해 보라는 것이었습니다.

저는 두 달 전에도 똑 같은 전화를 받았습니다. 기가 막혔습니다. 세상 사람들이 교회를 보고 전화를 걸어 투기를 권하는 현실입니다. 목사를 보고 전화를 걸어 투기하라고 설득하고 있습니다. 정말 기가 막힙니다. 뉴질랜드에서의 모욕감은 민족적인 것입니다. 하지만 이건 교회에 대한 모욕감이요, 신앙의 모욕감이었습니다. 그래서 마음이 더 아프고 저립니다. 하지만 한편으로 이게 다 교회(교인)들이 뿌린 열매를 거두는가 싶어 우울하기 짝이 없습니다.

(한상동 목사)

한상동 목사님은 신앙과 인격이 탁월하신 우리 교단의 설립자 입니다. 그분의 일화가 생각납니다. 신학생시절 영어시험을 치고 있었답니다. 다른 과목이라면 수필처럼 답을 채울 수 있겠지만 영성이 뛰어난 한상동 전도사라도 영어 문제는 한숨만 쉬고 있었나 봅니다. 이때 곁에 있던 친구가 슬그머니 답안지를 옆으로 내밀었습니다. 무슨 뜻인지를 안 그는 시험지를 백지로 제출하고 교실을 빠져나왔습니다. 그리고 기도실로 올라가 통곡하였다고 합니다. 평소 자신이 어떻게 살아왔기에 친구가 답지를 보고 적을 것이라 생각했을까 하는 대목에서 서럽게 울었답니다.

의(義)를 위해 살았으면 좋겠습니다. 의를 위한 것이라면 핍박이라도 마다하지 않았으면 좋겠습니다. 그리하여 더 이상 업신여김 받지 않았으면 좋겠습니다. 세상이 겉으로는 그렇지 않은 채 하더라도 속으로는 크리스천을 두려워하고 마음의 무릎을 꿇는 날이 회복되었으면 좋겠습니다.

## Chapter 3
정직과 청결

# 오늘은 장사를 못합니다

누군가 사업이나 직장생활에 좋은 책 추천을 요청한다면 주저함 없이 〈나는 정직한 자의 형통을 믿습니다〉(박성수 외 4인 공저)를 들겠습니다. 이 분들의 삶이 밴 글은 혼탁한 세상에서 기업하고 직장 생활함에 사표(師表)가 됩니다. 이 책 중 김동호 목사님이 쓰신 '손해 보더라도 하나님의 방식(方式)대로 산다' 는 글에 소개한 한 성도가 잊혀지지 않습니다.

목사님의 교회에 김천에서 3자녀를 데리고 매주일 출석하는 교인이 있습니다. 하루는 김천으로 집회를 간다는 소식을 듣고 그 집사님이 주일날 목사님께 찾아왔습니다. 이번에 김천에 오시니 꼭 자기 집에 들러 달라는 말과 함께 명함을 내밀었습니다. 명함을 보니 설렁탕 집을 운영하고 있었습니다. 집회를 마친 뒤 그 집사님 집에 들렀습니다. 그것은 초청도 초청이지만 이제 서울까지 올라오지 말고 그만 가까운 교회에 출석하라 권하고 싶었기 때문입니다. 그러나 김 목사님은 차마 그 말을 못하고 돌아오셨다고 합니다. 사연은 이렇습니다.

집사님은 자신의 설렁탕으로 예수님을 대접해도 부끄러움이 없는 설렁탕을 끓이려고 최선을 다한다 합니다. 그래서 최고로 좋은 뼈와 고기를 사용하고 김치를 담가도 무, 배추, 고춧가루, 양념까지 모두 제일 좋은 것만 쓴다고 합니다.

어느 날 뼈를 끓이는데 국물이 예전 같지 않았습니다. 뽀얀 국물이 아니라 누런 국물이 나오게 된 것입니다. 이상하다 싶어 거래처에 전화를 했더니 뼈가 바뀐 것 같다며 죄송하다고 하더랍니다. 지금 뼈를 다시 보내준다 해도 24시간 끓여야 했습니다. 집사님이 난감해하자 뼈를 판 사람이 이렇게 말했습니다. '사장님, 오늘만 커피 프림을 타서 쓰세요.' 좋지 않은 뼈를 싼값에 사다가 커피 프림을 타서 내놓는 설렁탕집이 일반적이었기 때문입니다.

집사님은 끓이던 설렁탕 국물을 죄다 버렸습니다. 그날 장사를 하지 않고 문을 닫았습니다. 그리고 가게 앞에 이렇게 써 붙였습니다. '오늘은 설렁탕 재료가 좋지 않아 장사를 못합니다.' 그날 이후 그 설렁탕집은 소문 듣고 찾아온 사람들로 문전성시를 이루었다고 합니다. 그리고 분점까지 냈다고 합니다. 물론 그 집사님 장사 잘되라고 그렇게 한 것이 아닙니다. 예수님께 드리는 심정으로 정성을 다하고 정직했을 뿐입니다.

올해도 마지막 달 12월로 접어들었습니다. 사업을 하시는 분이든 장사를 하시는 분이든 직장생활을 하시는 분이든 아니면 공부를 하는 학생이든 조용히 지난 한 해를 되돌아보았으면 합니다. 그리고 새 해는 마음으로부터 이렇게 고백하였으면 좋겠습니다. '손해 보더라도 하나님의 방식대로 산다.' 날씨는 추워가지만 저는 김천 설렁탕 집사님만 생각하면 마음이 퍽이나 따뜻합니다.

Chapter 4
정직과 청결

# 할머니 편지와 만 원

추석이 무르익어가는 지난달 28일 대한항공 본사에 하얀 편지 한통이 배달되었습니다. 비뚤비뚤한 글체에 길지 않은 내용과 더불어 1만 원짜리 소액환(小額換)이 들어있었습니다. 마산에 사는 70대의 한 할머니가 보낸 것인데 사연은 이러했습니다.

20여 년 전 난생 처음으로 비행기를 타고 미국에 가는 길이었습니다. 기내식으로 나온 비빔밥과 함께 태극 모양이 새겨진 예쁜 티스푼이 나왔습니다. 할머니는 그날 그 티스푼을 말도 없이 가지고 내렸습니다. 비행기를 탔다는 기념품으로 삼고자 했던 것입니다. 그렇지만 20년이 지난 지금 그 생각이 떠올랐고 마음이 편치 않았습니다. 편지에 용서를 빌며 지금이나마 티스푼 값을 지불하고 싶어 보낸 것입니다. 할머니의 소식을 들으며 크리스천이었던 윤동주 선생의 시 '서시(序詩)'가 떠올랐습니다.

　　　죽는 날까지 하늘을 우러러
　　　한 점 부끄럼이 없기를
　　　잎새에 이는 바람에도

나는 괴로워했다
별을 노래하는 마음으로
모든 죽어가는 것들을 사랑해야지
그리고 나한테 주어진 길을
걸어가야겠다
오늘밤에도 별이 바람에 스치운다

20년 전의 작은 티스푼 하나에도 마음이 걸려 아파하는 할머니의 마음이 부럽습니다. 나아가 일제 강점기의 암울한 현실을 마주하였음에도 하늘을 우러러 한 점 부끄럼 없이 살아  가기를 소원했던 윤동주 선생의 마음은 더더욱 그러합니다. 시인은 그 깨끗한 마음을 간직한 채 28세의 젊은 나이에 옥사(獄死)하였습니다.

가을 하늘이 티 없이 맑아옵니다. 헌데 우리 마음은 왜 그 반대인지... 서글퍼집니다. 작은 바람에도 일렁이는 잎새처럼 우리 양심이 그렇게 민감했으면 좋겠습니다. 배우자 앞에서도 부모님 앞에서도 자녀 앞에서도 나아가 하늘에 계신 그분 앞에서도 한 점 부끄럼 없이 살았으면 좋겠습니다. 티 없이 맑은 저 가을 하늘을 보면서.

Chapter 5
정직과 청결

# 만리장성으로만 안된다

　만리장성은 춘추전국시대 때 나라별로 영토방위를 위하여 쌓은 것이 그 기원이라 할 수 있습니다. 후에 진시황이 중국을 통일하고 하나로 연결하는 업적을 이루었습니다. 이 공사는 10년 동안 이어졌으며, 30만의 군사와 수백만의 농민들이 징발되어야 했습니다. 그 후에도 역대 왕조들에 의해 개수(改修)되어 명나라 때 와서는 200여 년 동안 18차례나 수축하여 현재의 만리장성이 되었습니다.

　고금을 막론하고 전 세계에 존재하는 성들이 그러하듯이 만리장성도 적의 위협을 막아내기 위해 쌓았습니다. 지역마다 다소 차이는 있지만 대략 성벽의 높이는 8.5m, 두께는 하단이 6.5m 상단이 5m 정도입니다. 길이는 2,700km 인데 중간에 갈라져 나온 가지를 합치면 약 6,400km나 됩니다. 이는 초고속 비행기로 7시간이나 달려야 하는 거리입니다. 아무리 강한 적들이라도 기어오를 수 없을 만큼 높고, 뚫을 수 없을 만큼 두껍고, 돌아올 수 없을 만큼 길었습니다. 과연 당대에 요새 중의 요새요 난공불락의 성이라 아니 할 수 없습니다.

　그렇지만 만리장성이 세워진 후 처음 100년 동안 중국은 세 차례나 완벽한 침범을 당하였습니다. 결코 성벽에 문제가 있어서 그런 것이 아

(만리장성의 한 장면)

니었습니다. 적들은 그 성벽을 기어오르지도 무너뜨리지도 않았습니다. 더더욱 성벽을 돌아오지도 않았습니다.

그러면 어떻게 침범하였단 말입니까? 간단한 문제였습니다. 돈 몇 푼이면 족하였습니다. 문지기에게 뇌물을 주고 문을 열게 만들었습니다. 피땀 흘린 수백만의 일손과 수백 년의 수고가 단 한순간에 무용지물이 되는 순간이었습니다.

지난 주간 만리장성에 다녀왔습니다. 첩첩산중 끝도 보이지 않는 그 긴 성벽을 내다보며 실로 그 장대함을 실감할 수 있었습니다. 그러나 만리장성을 쌓았다고 안전한 것은 아닙니다. 우리나라가 행정수도를 다시 짓는다고 선진국이 되는 것도 아닙니다. 교회로 치자면 현대식 예배당을 웅장하게 짓는다고 초일류교회가 되는 것은 아닙니다. 나라로 치자면 바른 사람, 교회로 치자면 바른 신자가 있어야 합니다.

Chapter 6
정직과 청결

# 도리와 신용

고려 말 한 상인이 있었습니다. 종종 중국을 왕래하던 그가 어느 날 손자와 동행하게 되었습니다. 이것저것을 돌아본 그는 관청의 허가를 받아 좋은 말을 구입하여 집으로 돌아오는 길이었습니다. 잠시 쉬며 잔금

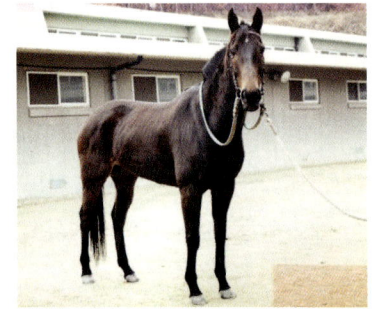

을 확인한 그는 좋은 명마를 가격보다 헐값에 살 것을 알게 되었습니다. 즉, 고의는 아니었지만 명마 대금을 제대로 지불하지 못한 것을 알게 되었습니다. 다음 날, 그는 중국 상인에게로 돌아가서 상황을 확인한 후 값을 정가(定價)만큼 추가로 지불하였습니다.

이 과정을 지켜본 손자가 물었습니다. '할아버지, 저는 이해가 되지 않습니다. 그냥 넘어가셨다면 그 중국 상인은 몰랐을 테고 우리에게는 그만큼 이익이 되지 않겠습니까? 굳이 오던 길을 되돌아가 돌려주어야 할 이유가 어디 있습니까?' 의아한 표정으로 묻는 손자에게 이렇게 일러주었습니다. '혹, 그렇다하여도 상인에게는 도리가 있는 것이다. 우리는 그 말 가격에 해당하는 돈을 주어야하고 그 상인은 약속대로 좋은

말을 넘겨야 하는 것이지. 내가 그 상인에게 도리(道理)를 지킴으로써 신용(信用)을 얻지 않았느냐?' 손자는 도리와 신용이라는 말에 고개를 끄덕였습니다.

오래 전 두 달간 안식휴가를 얻어 남아공화국을 찾았을 때 일입니다. 요하네스버그에 있는 친구로부터 쓰지 않는 휴대폰을 빌리게 되었습니다. 그것은 카드를 끼워 사용해야 했습니다. 카드를 사러 근교 전자시장에 들렀습니다. 한 가게에 들어가니 카드는 있는데 팔지 않고 건너편 가게를 가르쳐주었습니다.

의아해하는 우리에게 건너편 가게가 자기 것보다 싸다는 것이었습니다. 그 말은 사실이었습니다. 건너편 가게는 특별세일행사를 하고 있었고 반값 정도로 살 수 있었습니다. 가게를 나오면서 이런 생각을 했습니다. '내가 남아공화국에 산다면 가격을 따지지 않고 평생 첫 번째 가게를 이용할 것이다.' 그날 그 상인은 제게 일생에 지울 수 없는 신용을 주었습니다.

상인에게 상인의 도리와 신용이 있다면 우리 크리스천에게도 크리스천의 도리와 신용이 있습니다. 크리스천의 도리란 말씀의 길을 따라 사는 것이요, 신용이란 정직을 말하는 것입니다. 고려 말 무명의 한 상인은 이익보다 도리와 신용을 생명처럼 소중히 여겼습니다. 우리도 비루함이 더해가는 세상에서 코앞의 이익보다 크리스천의 도리와 신용을 생명처럼 소중히 여겼으면 좋겠습니다.

Chapter 7
정직과 청결

# 세보지도 않았다

지난 9월 14일 오전 9시 30분경 서울 강남경찰서 생활 질서계로 다급한 목소리의 전화가 걸려왔습니다. 미국의 한 대학교에 다니는 유학생이라고 소개한 A씨(30세)는 '10,000달러가 든 봉투를 상의 주머니에 넣어두었는데 어디서 잃어버렸는지 모르겠다. 전 재산이나 마찬가지인데 찾을 길이 없겠느냐' 며 물어왔던 것입니다. 분실물 담당 김정순 주무관은 신고 절차를 안내하면서도 1,000만 원이 넘는 큰돈인데 과연 어느 누가 주워 경찰서에 신고하겠는가 하는 마음이 들었습니다. 지금까지 이런 종류의 신고를 수도 없이 경험한 판단에서 나온 것이었습니다.

그날 오후 2시께 강남경찰서 삼성지구대 코엑스 분소에 100달러 지폐가 가득 든 봉투를 주었다는 신고가 접수되었습니다. 봉투를 주워 신고한 사람은 삼성동 코엑스 환경미화원으로 근무하는 이석진(60세) 씨였습니다. 이 씨는 코엑스 옆 인터컨티넨탈 호텔주변을 청소하다 은행나무 밑에 떨어진 봉투를 발견했습니다. 당시 봉투는 여러 사람이 밟고 지나간 듯 반쯤 찢어져 너덜너덜한 상태여서 이 씨 역시 처음에는 이 봉투를 쓰레기로만 알고 버리려 주웠다고 합니다. 그 쓰레기 같은 봉투에

뜻밖에 100달러 지폐 105장이 들어있었으니 적잖이 놀랐을 것입니다.

　돈을 찾았다는 연락을 받자마자 A씨는 강남경찰서로 달려왔습니다. 그는 기쁨을 감추지 못하며 확인서를 작성하는 동안 이 씨를 만나 감사의 마음을 전하고 싶다는 뜻을 밝혔습니다. 이 씨는 그럴 필요 없다며 돈을 찾게 되어 다행이고 나에게 감사할 필요는 없다고 했습니다. 그러면서 담당 경찰관에게 당시 정황을 이렇게 전했다 합니다. '봉투를 주워보니 찢어진 사이로 미국 돈 한 다발이 보이는 거예요. 그것도 100달러더라고요. 꽤 되겠구나 생각이 들었지만 세보지도 않았어요. 제 것도 아닌데 세보면 뭐 합니까? 그냥 경찰서에 갖다 주면 되지.'

　저는 이 씨가 돈을 주웠을 때 그 심정을 헤아려 봅니다. 그 나이에 미화원 생활하는 것을 보면 넉넉지 못한 사람일 것입니다. 줍는 것을 본 사람도 없고 게다가 수표가 아니라 현금이기 때문에 이곳 저곳에 사용해도 전혀 들통나지 않습니다. 자기 양심이 문제지 그야말로 내 것입니다. 그럼에도 내 것이 아니기에 '세보지도 않았다'는 말에 감동을 넘어 거룩함을 느낍니다.

　이 시대의 슬픔 중 하나는 내 것 아닌 것을 내 것 삼는 풍조입니다. 가을이 물들어갑니다. 우리도 미화원 이 씨의 마음으로 물들었으면 좋겠습니다.

Chapter 8
정직과 청결

# 유일한의 유언

- 
- 
- 

　9살 외아들 유일한을 미국 선교사의 손에 맡기며 아버지 유기연은 미국의 문물을 배워 조국 동포를 구하라며 보냈습니다. 그 후 유일한은 신문배달과 아르바이트 등 고학으로 미시간대학교와 스탠포드대학원에서 공부를 마쳤습니다. 전자회사 사원으로 근무하다 1922년 라초이 식품(주)을 설립하여 크게 성공하였습니다. 하지만 1926년 식민지였던 조국을 생각해 귀국하여 질병 퇴치를 위한 제약회사 유한양행을 설립하게 되었습니다.

　유일한(1895-1971)은 세상을 떠나기까지 철저한 크리스천 가치관을 소유한 자로서 역사적인 발자취를 많이 남겼습니다. 1939년 최초로 종업원지주제를 실시하여 기업을 공개하고 종업원들에게 주식을 나눠 주었습니다. 사사로운 비용은 자신의 배당금에서 공제하도록 하였고 반면 불의한 정치자금은 단호히 거절하였습니다.

　이 일로 미움을 산 그는 1968년 세무조사를 받았지만 오히려 세금을 가장 성실히 납부한 사실이 입증되어 납세훈장을 받기도 하였습니다. 6.26전쟁 뒤 모르핀을 수입해 팔면 큰 이익이 남는다고 보고하는 간부 사원에게 당장 회사를 그만두라고 호통을 친 일화는 유명합니다.

해방 뒤 회사가 크게 성장하자 이승만 대통령은 상공부장관을 부탁해 왔지만 정중히 거절하였습니다. 세상의 권력이나 명예는 안중(眼中)에 없었다는 얘기입니다. 1969년에는 당시 부사장이던 외아들과 요직에 있던 조카를 회사에서 내보냈습니다. 혈연관계가 전혀 없는 조순권에게 사장직을 물려주기 위함이었습니다.

(유일한 박사)

말하자면 한국 최초로 전문경영시대를 열었던 것입니다. 1971년 그가 눈을 감은 뒤 유언장이 공개되었습니다. 손녀 유일링에게는 대학졸업 때까지 학비 1만 달러를 주라 하였습니다. 딸 재라는 유한중고등학교내의 땅 5천 평을 주면서 유한동산을 꾸미라 하였습니다. 외아들 일선은 대학까지 보냈으니 스스로 살라며 한 푼도 주지 않았습니다. 그의 거대한 재산은 모두 공익재단에 기증되었습니다.

우리 주변에 교회와 크리스천을 얕잡아 말하는 소리를 자주 듣습니다. 은밀함이 아니라 공공연히 깔보고 조롱하는 무리들이 적지 않음을 봅니다. 참으로 가슴 아픈 일입니다. 기독교는 말이 아름다운 종교가 아니라 삶이 아름다운 종교입니다. 우리 시대의 크리스천들이 유일한 선생을 본받아 크리스천 브랜드 가치를 높였으면 좋겠습니다.

Chapter 9
정직과 청결

# 진주목걸이

- 
- 
- 

프랑스의 작가 모파상(Maupassant, 1850-1893)의 작품 중에 〈진주목걸이〉라는 유명한 단편소설이 있습니다. 주인공 마틸드는 아름다운 여성이지만 가난한 처지에도 사치스런 생활을 추구하며 삽니다. 그의 남편은 하급(下級) 공무원이라 경제적으로 어려웠기 때문에 늘 생활이 불만이었습니다.

그러던 어느 날 남편이 장관 관저에서 열리는 무도회 파티의 초대장을 가지고 옵니다. 초대장을 집어든 그녀는 짜증부터 냅니다. 입고 갈 옷이 없다는 겁니다. 남편은 한푼 두푼 모아두었던 4백 프랑을 내놓았고 그것으로 옷을 해결하였습니다. 하지만 장신구(裝身具)가 문제입니다. 생각 끝에 친구를 찾아가 값비싼 진주목걸이를 빌립니다. 덕택에 파티에 참석한 그녀는 사람들 앞에 한껏 아름다움을 뽐낼 수 있었습니다.

파티를 마치고 집에 돌아온 마틸드는 소스라치게 놀랍니다. 목에 있어야 할 목걸이가 없어진 것입니다. 아마 정신없이 춤추는 중에 떨어져 나간 것 같습니다. 하는 수 없이 똑같은 것을 사주기 위해 파리 시내를 샅샅이 뒤졌습니다. 겨우 같은 것을 찾아냈지만 가격이 무려 3만 6천 프랑입니다. 그녀는 친구에게 잃어버렸다는 사실을 숨긴 채 전 재산을 털고 빚까지 내어 사다 주었습니다.

그 후 그녀는 10년 동안 빚을 갚느라 온갖 허드렛일을 하며 죽을 고생을 다 합니다. 쪼들리는 삶에 몸은 나이보다 늙어보였고 억척스런 아줌마로 변해있었습니다. 겨우 빚을 갚고 한시름을 놓고 살던 날, 샹젤리제거리를 산책하던 마틸드는 목걸이를 빌려준 친구를 만나  게 됩니다. 친구는 여전히 젊고 아름다웠습니다. 마틸드는 친구에게 홀가분한 마음으로 목걸이의 비밀을 털어놓았습니다. 그때 친구의 입에서 나온 말에 하늘이 노랗고 어지러워 쓰러질 지경이었습니다. '얘, 그건 5백 프랑짜리 짝퉁이었어!'

모파상은 이 작품을 통해서 당시 프랑스 사회에 만연해 있는 사회풍조를 꼬집고 있습니다. 모두들 짝퉁을 진짜로 착각하고 살아간다는 것입니다. 소위 짝퉁행복, 짝퉁평안에 속아 인생을 소진(消盡)하고 있다는 것입니다. 모파상의 시대만이 그런 것이 아닙니다. 모파상의 이야기를 듣고 있는 그대, 목에 걸고 있는 그대의 행복목걸이를 확인해 보시기 바랍니다. 가짜목걸이 입니까? 진짜목걸이 입니까?

Chapter 10
정직과 청결

# 이런 부자와 저런 부자

충남 금산군 남이면 성곡리에는 유별(有別)한 부자 두 사람이 살고 있다 합니다. 행복한 부자와 불행한 부자입니다. 행복한 부자로 소문난 사람은 백씨(집사)라는 사람인데 그는 땅 부자로 40여 마지기 농사를 짓고 있었습니다. 백씨는 면내(面內)에서 가난하지만 우수한 학생들을 선정하여 매년 장학금을 주었습니다.

어느 해 부턴가 농사를 짓는 것 가지고는 장학금을 다 줄 수가 없어 매년 3마지기씩 논을 팔아 장학금을 주었다고 합니다. 이렇게 백씨 부자가 땅을 팔면 다른 부자인 최씨가 그 땅을 샀습니다. 해마다 한 사람은 팔고 한 사람은 사는 일이 계속되었습니다. 그렇게 10여 년이 지난 결과 백씨는 땅을 다 팔게 되었고 최씨는 40여 마지기를 더 마련하였습니다.

세월이 흘러 백씨의 도움을 받은 학생들이 대학을 졸업하여 그중에는 판검사도 되고, 의사도 되고, 목사도 되었습니다. 한 30여 명이 되는 이들이 백씨 할아버지의 은혜를 생각하고 스스로 모임을 만들었습니다. 돈을 모아 매달 한 100만 원의 돈을 할아버지에게 송금합니다. 전화비, 전기세, 의료보험료 등을 모든 비용을 자기들 계좌로 자동이체 시켜 할아버지는 한 푼도 내지 않게 합니다. 몸이 아프면 병원을 하는 사람이 모셔다가 다 치료해 줍니다.

　명절이면 마을에 찾아와 세배를 합니다. 그러면 백씨 할아버지는 동네 어른들을 다 경로당에 모이게 하고 그곳에서 함께 세배를 받습니다. 세배를 하면서 자기들끼리 모은 돈을 내밀면 그 돈으로 마을잔치를 합니다. 이것만이 아닙니다. 백씨 할아버지의 자녀들이 다 잘되었습니다. 그래서 백씨 할아버지는 논 한 마지기가 없어도 그 동네에서 제일 부자 할아버지입니다. 덕택에 친구도 많고 마을에서 존경받으며 살고 있습니다.

　한편 백씨 할아버지가 판 땅을 모조리 샀던 최씨 할아버지도 넉넉히 살며 자녀 공부를 잘 시켰습니다. 그러다 몇 년 전에 세상을 떠나셨습니다. 문제는 그 다음이었습니다. 재산이 많은 만큼 장례식 때 자녀들이 심하게 다투었습니다. 결국 유산문제로 민사법정에까지 출두하게 되었습니다. 그 결과 지금은 형제들끼리 왕래도 하지 않고, 명절이 되어도 고향마을에 안치된 아버지 묘소한번 찾아오지도 않는다고 합니다. 이 이야기는 그 백씨 할아버지로부터 장학금을 받아 신학공부를 한 청주 호죽교회의 모 목사의 말입니다.


　이 땅에 부자는 많습니다. 그러나 행복한 부자는 많지 않아 보입니다. 먼발치에서 바라보니 백양산 정상 부근이 붉게 물들어 가고 있습니다. 철쭉이 피어나는 모양입니다. 올봄엔 우리 가슴에도 백 씨 할아버지 같은 행복이 피어났으면 좋겠습니다.

# PART 8

## 쓰레기도 쓸모 있다

(격려와 위로)

*Encouragement and comfort*

- 쓰레기도 쓸모 있다
- 그래야 목사님이 힘이 나지요
- 여보, 출세 안 해도 돼요
- 깨진 항아리
- 밀물과 썰물
- 하늘이 준 세 가지 은혜
- 너는 혼자가 아니다
- 왼손을 위한 피아노 협주곡
- 실패학 강사가 되다
- 인체의 신비

Chapter 1
격려와 위로

# 쓰레기도 쓸모 있다

이재철 목사님이 쓰신 〈회복의 신앙〉이란 책이 있습니다. 읽은 지 오래되었지만 그 안에 잊혀지지 않는 이야기가 있습니다. 날 때부터 곱추였던 여자아이가 있었습니다. 17세가 되기까지 집 밖에 나가 본 적이 없었습니다. 자신이 창피스러웠기 때문입니다. 얼마나 열등감에 사로잡혔었던지 부모는 그 아이를 학교에 보낼 생각조차 할 수 없었습니다. 그러다가 17세가 되던 해 자기 집을 방문한 수녀님의 간절한 설득에 카톨릭에서 말하는 피정(避靜), 우리식으로 말하면 수양회에 참가하게 되었습니다.

그날 강사는 성령님에 대해 설명하고 이렇게 말했습니다. '자, 이제부터 여러분들에게 시간을 드리겠습니다. 이 수도원 마당이든지 산이든지 어디든지 나가십시오. 그리고 지금 성령님께서 여러분 각자에게 무엇을 깨닫게 해 주시는지 귀를 기울이고 오십시오.' 꼽추 소녀도 밖으로 나갔습니다. 다수의 사람들은 산 나무 아래 혹은 계곡에 자리를 펴고 앉았습니다. 사람 만나기를 꺼렸던 소녀는 자연히 아무도 없는 곳을 찾아 앉게 되었습니다. 앉고 보니 그곳은 쓰레기 통 곁이었습니다. '아, 나는 어딜 가나 쓰레기구나!' 소녀는 한숨을 푹 쉬었습니다.

그런데 바로 그때 한 소년이 오더니 쓰레기통을 뒤지며 무엇을 찾는 것이었습니다. 호기심을 넘어 궁금하게 되었습니다. 꼽추 소녀는 용기를 내어 난생 처음으로 알지 못하는 사람에게 말을 걸어보았습니다. '저어... 쓰레기통을 왜 뒤지는 거예요?' '캔이나 종이를 찾고 있어요.' 소년은 밝게 대답하였습니다. '그걸 찾아 뭐하려고요?' '이걸 가지고 가면 돈이 되거든요. 팔아서 우리 할아버지 할머니 편찮으신데 약을 사 드리려고요.'

순간 성령님은 소녀에게 한 줄기 빛 같은 깨달음을 주셨습니다. '아, 쓰레기도 쓸모가 있구나! 그렇다. 나 같은 쓰레기도 쓸모가 있겠구나! 저 쓰레기들이 노인들의 약값이 될 수 있다면 나처럼 쓰레기 같은 꼽추도 병든 사람들에게 약이 될 수 있겠구나.' 얼마 후 소녀는 마음으로 결단을 내리고 양로원에 들어갔습니다. 병들고 거동이 불편한 노인들을 섬기는 일에 일생을 바쳤습니다.

삶의 의미를 모르고 사는 사람처럼 불행한 사람은 없습니다. 성령님이 보여주신 나의 일거리를 깨닫게 되면 꼽추가 문제되지 않습니다. 나이가 팔십이 되어도 문제되지 않습니다. 하나님께는 쓰레기도  쓸모 있다는 사실을 알기 때문입니다. 그럼에도 자신이 쓰레기 같다고 불평하며 빈들거리는 사람을 보면 마음이 아픕니다. 더더욱 분명 쓸 만한 사람임에도 빈들거리는 것을 보면 아픈 마음을 넘어 슬픔이 됩니다. 이런 사람들이 쓰레기도 쓸모 있다는 사실을 기억하면 좋겠습니다.

Chapter 2
격려와 위로

# 그래야 목사님이 힘이 나지요

어렵게 개척하시는 목사님이 있었습니다. 빚을 얻어 전세로 예배당 건물을 마련했습니다. 몇 년 전 경제 위기를 당하여 이자를 갚을 길이 없게 되었습니다. 어쩔 수 없이 예배당을 줄여 빚을 갚게 되었습니다. 당시 교회는 장년 70명 정도 회집하고 있었습니다. 전세금을 줄여 교회의 빚을 갚으려고 하니 기둥 같은 집사님들이 서로 먼저 자기 돈을 갚아 달라고 아우성치더랍니다. 교회 부채 중에는 목사님이 1,000만 원을 신용으로 빌리고 집사님 세분이 보증을 선 것이 있었습니다. 세분 중 한 분은 국영기업체에 다니고, 집이 두 채나 있는 분인데 자신이 보증 선 것부터 갚아달라고 은행까지 따라왔다고 합니다.

교회가 작은 건물로 이사한 후 기둥 같았던 교우들이 하나 둘 떠나버렸습니다. 사회적, 경제적으로 괜찮은 분들이 먼저 교회를 떠났습니다. 이 기회에 떠나지 않으면 계속 붙들리니 자기들끼리 상의하고 떠났습니다. 어려운 사람들과 어린아이들은 그래도 교회에 남아 교회를 섬기는 것을 보았습니다. 한 아이가 예배시간만 되면 큰 소리로 목이 터져라 찬송을 부르는 것이었습니다. 왜 그렇게 찬송을 크게 부르냐고 물었더니 '그래야 목사님이 힘이 나지요.' 하는 것이었습니다. 목사님은 그

동안 잠을 잘 수 없을 정도로 힘들었는데 그 아이의 말 한마디로 말미암아 말로 할 수 없는 위로를 받았다 합니다.

다섯 살 난 딸을 데리고 한 젊은 엄마가 기도하기 위해 교회를 찾았습니다. 열심히 기도하고 있는데 등에 업힌 딸이 자꾸 '엄마! 엄마!' 하며 옆구리를 쿡쿡 찌르는 것이었습니다. 엄마는 '엄마가 기도할 땐 가만히 있어야 한단다.' 말해 주었습니다. 그런데 딸은 또다시 엄마를 흔드는 것이었습니다. '엄마, 저기 좀 봐요. 세상에서 제일 큰 더하기표가 있어요. 오빠 책에는 더하기표가 작은데 저 더하기표는 왜 큰 거야?' 딸아이의 엉뚱하고 갑작스런 질문을 받은 엄마는 당황했습니다. 잠시 후 감동이 밀려왔습니다. 십자가를 늘 무거운 짐으로만 생각했는데 그날 이후 십자가는 더하기(+)라는 사실을 깨달은 것입니다.

때때로 생각지 않은 어린 아이로부터 위로를 받습니다. 아이들이 주는 위로는 어른 것보다 여러 배 감화력이 있습니다. 아마 어른보다 순수하고 맑은 마음을 가졌기 때문이 아닌가 생각됩니다. 지난주 너무 더운 한 주간이었습니다. 무더운 날씨만큼이나 힘겨운 처지에 있는 분들이 적지 않습니다. 그분들에게 위로거리가 있었으면 좋겠습니다. 나아가 가정에서 직장에서 교회에서 서로 위로가 되었으면 좋겠습니다. 목사든 장로든 집사든 청년이든 어린이든 우리 모두는 위로(慰勞)가 필요한 사람들이니까요.

Chapter 3
격려와 위로

# 여보, 출세 안 해도 돼요

일본에 미타니 야스토라는 사람이 있습니다. 결혼 후 아내에게 전도 받아 예수님을 믿게 되었습니다. 하루는 아내가 말했습니다. '여보, 주님이 기뻐하시는 일만 하세요, 출세 안 해도 돼요. 쫓겨나도 괜찮아요.' 다른 아내들과 달리 '출세 안 해도 돼요' 라는 말이 가슴에 와 닿았습니다. 마음이 편했습니다. 실제로 그대로 사니 관심과 안목, 인생관이 달라졌습니다. 책, 〈역전인생〉은 미타니 야스토가 1952년 대기업 〈가네보〉에 입사하여 회장의 자리에 오르기까지 자신을 되돌아 본 신앙수기와 같습니다.

책에 이런 일화들이 있습니다. 회사시설을 종교용으로 사용하지 말라는 지시가 있었습니다. 사택에서 가정예배를 드린 것에 대한 압박이었습니다. 두려워 가정예배를 그만두기로 했을 때 마음속 소리가 들렸습니다. '네가 나를 배반하는구나.' 순간 눈물이 솟구쳤습니다. 아내의 말이 생각나 다시 힘을 냈습니다. 이런 일도 있었습니다. 회사는 한 달에 한 번씩 회사 내 신사에 참배를 하며 직원들의 안전을 빌었습니다. 당시 인사 과장이던 그는 책임자요 진행자였습니다. 참석을 거부하였습니다. 호출이 왔습니다. '자네, 일을 택할 건가? 아니면 신앙을 택할 건가?' 그는 후자를 택했지만 하나님의 은혜로 사직서는 쓰지 않았습니다.

그 이후에도 세 번의 좌천과 수없는 불이익과 편견에 시달렸습니다. 그 때마다 '여보, 당신은 출세 안 해도 돼요.' 아내의 말이 힘이 되었습니다. 더 열심히 일하며 모범을 보였습니다. 결국 성실과 능력을 인정받았고 그가 회장에 재직하고 있을 때 〈가네보 약품〉은 일본 최고의 제약회사로 성장했습니다. 그는 전설적 인물이 되었습니다. 그런데 1997년 회사의 만류에도 회장직을 사임하였습니다. 사임이유는 이제 남은 인생은 영혼구원을 위해 전력을 다하기 위해서였습니다. 그는 성경학교에 입학하였고 그의 아내와 교회를 개척하고 전국에 다니면서 복음을 전하였습니다. 2013년에는 한국에도 간증하러 왔습니다.

저는 미타니 야스토 회장을 소개하려 이 글을 쓰는 것이 아닙니다. 그런 의도가 없지 않지만 실은 그의 아내를 소개하고 싶었습니다. 미타니 회장이 예수님을 영접하고, 새로운 인생관을 갖게 되고, 대기업의 회장 자리까지 올라가고, 나아가 스스로 회장직사임을 선택한 아름다운 인생 배후에는 한 사람 그의 아내가 있었기 때문입니다. '여보, 당신은 출세 안 해도 돼요.' 회갑에 접어든 제가 들어도 가슴이 뛰는데 그가 얼마나 감동했을까요?

우리교회의 젊은 아내들이 남편 미래를 생각했으면 좋겠습니다. 장가만 가면 교회 일에 등한해지는 젊은 남편들이 가엽습니다. 아기 업고, 지저귀 가방 들고, 겨우 예배시간 맞춰 뒷자리에 슬쩍 앉았다가 축도 후에 제일 먼저 바람같이 사라지는.... 결코 아내사랑, 아이사랑하지 말자는 뜻이 아닙니다. 그들이 집사나 장로 투표 하면 몇 표나 얻을까요?

'여보, 직장에서 출세 안 해도 돼요. 믿음으로 당당히 사세요. 쫓겨나면 내가 벌게요.' '여보, 주일에 아이는 내가 알아서 할 테니 당신은 교회일이나 열심히 하세요.' 이런 말을 듣는 그대의 남편이 피가 거꾸로 솟구치지 않는다면 아마 남자가 아닐 것입니다.

Chapter 4
격려와 위로

# 깨진 항아리

- 
- 
- 

    누구나 원하기만 하면 이메일로 전송받을 수 있는 〈사랑 밭 새벽편지〉가 있습니다. 나그네로 살아가는 소박한 사람들의 애환 또는 잔잔한 감동을 주는 글입니다. 배달된 편지 가운데 이런 내용이 기억납니다.

    조금 깨져 금이 가고 오래된 못생긴 물 항아리 하나가 있었습니다. 그 항아리의 주인은 다른 온전한 것들과 함께 그 깨진 항아리로 물을 길어오곤 하였습니다. 오랜 세월이 지나도록 그 주인은 깨진 물 항아리를 버리지 않고 온전한 물 항아리와 똑같이 아끼며 사용했더랍니다. 깨진 항아리는 주인에게 늘 미안한 마음이었습니다. '내가 온전치 못하여 주인님에게 폐를 끼치는구나. 그토록 힘들게 구한 물이 나로 인해 새버리고 게다가 늘 옷이 젖는데도 나를 버리지 않으시다니…'

    어느 날 너무 미안하다고 느낀 깨진 항아리가 주인께 물었습니다. '주인님, 어찌하여 저를 버리고 온전한 새 항아리를 구하지 않으시나요? 저는 별로 쓸모가 없는 존재인데요.' 주인은 그의 물음에 아무 말도 하지 않은 채 그 물 항아리를 지고 계속 집으로 가고 있었습니다. 그러다가 어느 길을 지나면서 조용하고 부드럽게 주인이 말했습니다. '얘

　야, 우리가 걸어온 길을 보아라.' 그제야 깨진 물 항아리는 그들이 늘 물을 길어 집으로 걸어오던 길을 눈여겨 바라보았습니다.

　길가에는 예쁜 꽃들이 형형색색(形形色色) 싱싱하게 피어나고 있었습니다. 작은 것에서부터 큰 것까지 이름을 알 수 없는 것에서 금방 이름을 알 수 있는 것까지 아름다운 꽃길을 만들고 있었습니다. 게다가 향기까지 물씬 풍기고 있었습니다. 깨진 항아리가 물었습니다. '주인님, 어떻게 이 외진 산골 길가에 이렇게 예쁜 꽃들이 피어 있을까요?' 주인이 빙그레 웃으며 말했습니다. '메마른 산 길가에 너의 깨진 틈으로 새어나온 물을 먹고 자란 꽃들이란다.'

　우리 주변에 자신의 약점에 사로잡혀 그늘진 곳에서 헤어나지 못하는 사람들이 있습니다. 자신의 약점을 빌미로 세상을 원망하며 사는 사람들도 있습니다. 나아가 자신은 쓸모없는 존재라 말하며 자포자기(自暴自棄)한 사람도 있습니다. 이런 분들이 기억했으면 좋겠습니다. 깨진 항아리도 쓸모 있습니다. 깨진 항아리도 꽃을 피울 수 있습니다. 하나님은 지금도 깨진 항아리를 통해 꽃을 피우고 있다는 사실을 알았으면 좋겠습니다.

Chapter 5
격려와 위로

# 밀물과 썰물

- 
- 
- 

　서서히 휴가철이 마무리 되는 모습입니다. 금년에도 많은 사람들이 바닷가를 찾아 휴가를 즐겼습니다. 우리나라뿐만이 아니라 세계 모든 바닷가에 볼 수 있는 것이 있습니다. 밀물과 썰물이 있습니다. 이 같은 현상이 나타나는 이유는 두 가지입니다. 첫째는 지구를 중심으로 가까이 돌고 있는 달의 인력(引力: 끌어당기는 힘)때문입니다. 물론 태양도 영향을 미치기는 하지만 너무 멀리 있어 큰 영향을 끼치지 못합니다. 둘째는 스스로 회전 운동을 하는 지구 자체의 원심력(遠心力: 회전하는 물체가 밖으로 달아나려는 힘)때문입니다.

　밀물과 썰물은 지구가 하루에 1회 자전(自轉)하는 동안 달의 인력에 의해 한번, 지구의 원심력에 의해 한번 이렇게 두 번 나타나게 됩니다. 그렇다고 밀물과 썰물의 정도가 항상 같은 것은 아닙니다. 달과 태양과 지구가 일직선상에 놓이면(보름과 그믐) 달과 태양의 인력이 가장 강하여 밀물과 썰물의 차이가 가장 큰데 이것을 '사리' 혹은 '대조'라고 부릅니다. 반대로 달과 태양이 지구를 중심으로 직각이 되면(상현과 하현) 인력이 가장 약해 밀물과 썰물의 차이가 가장 작게 되는데 이것을 '조금' 혹은 '소조'라고 부릅니다.

밀물과 썰물을 생각하다보니 미국의 위대한 사업가 카네기의 일화가 생각납니다. 그의 사무실에는 소중히 여기는 그림이 걸려 있었다고 합니다. 유명한 화가가 그린 그림도 아니요, 그렇다고 값비싼 그림도 아니었습니다. 망망한 바다를 배경으로 바닷가에 배 한척이 버려져 있듯 그려진 허술한 그림입니다. 그가 젊은 날 세일즈맨으로 집집마다 방문하며 고달픈 나날을 보낼 때 한 노인 집에 걸려 있는 것을 통사정하여 구입한 것입니다. 그럼에도 카네기는 그 허술한 그림을 큰 부자가 되었음에도 보물처럼 간직하고 있었다고 합니다. 그 그림의 밑에 적혀 있는 문구 때문입니다. '반드시 밀물은 오리라. 그날 나는 저 바다를 향해 나아가리라' 썰물로 버려진 배의 소망을 담은 문구였습니다.

우리 주변엔 인생의 썰물을 만나 세상에서 버려진 듯 살고 있는 사람들이 적지 않습니다. 실망하고 좌절하고 포기한 채 우울하게 살아가는 사람들입니다. 그런 사람들이 일어나 망망한 바다를 마주하고 서 보았으면 합니다. 그 현장에서 인생도 썰물이 있으면 밀물이 있음을 확인하고 왔으면 좋겠습니다. '반드시 밀물은 오리라 그날 나는 저 바다를 향해 나아가리라' 하며 희망을 가졌으면 좋겠습니다. 손님들이 북적거리고 공장이 다시 돌아가고 웃음이 회복되는 밀물에의 소망을 간직하고 오늘을 성실히 살았으면 좋겠습니다.

Chapter 6
격려와 위로

# 하늘이 준 세 가지 은혜

　일본에서 파나소닉(Panasonic), 내쇼날(National), 테크닉스(Technics) 등의 세계적인 브랜드로 수많은 전자, 전기제품을 생산하는 회사는 마쓰시다 전기입니다. 총 420억 달러(58조 8천억원)의 자산가치를 지닌 마쓰시다 전기의 창업자는 '마쓰시다 고노스게' (1895-1989)입니다. 와가야마현의 한 농부의 아들로 태어난 마쓰시다는 9살 때 고아가 되었습니다. 이런 가정환경 때문에 초등학교 정규교육도 받지 못했습니다. 16세 때 그는 오오사까에 있는 한 공장에서 배선공의 조수로 취직한 것이 훗날 산업 전선에 첫발을 내딛는 발판이 되었습니다.

　마쓰시다는 23세 되던 해 자신의 경험을 토대로 전등 소켓을 제조하여 판매하는 사업을 시작하였습니다. 이후 탁월한 경영능력을 발휘하여 사업과 인재를 다루는 비상한 재능을 보여주며 오늘날의 굴지의 회사를 이루게 되었습니다.

　마쓰시다는 한 인터뷰에서 하늘이 나에게 주신 세 가지 은혜가 있다고 하였습니다.

　첫째, 가난한 집에서 태어났기 때문에 부지런히 일해야 살 수 있음을 깨달았다.

둘째, 약하게 태어났기 때문에 건강의 소중함을 깨달아 건강하게 장수할 수 있었다.

셋째, 초등학교도 졸업하지 못했기 때문에 세상의 모든 사람을 스승으로 삼았다.

그는 가난했기 때문에 부지런히 일하여 굴지의 회사를 이루었고, 죽을 때 30억 달러(3조 7천억 원)를 가진 큰 부자였습니다. 육체적으로 약한 탓에 건강을 잘 관리하여 94세까지 건강 장수하였습니다. 또한 초등학교도 나오지 못한 사람이라서 세상 모든 사람을 스승으로 삼아 지혜를 배웠기에 생전에 44권의 책을 저술하였고, 〈번영을 통하여 화평과 행복으로 가는 길〉은 4백만 부가 팔리기도 하였습니다.

오늘날 우리 주변에 자신의 약점(弱點)으로 인하여 실의(失意)에 찬 사람들이 적지 않습니다. 그 실의가 지나쳐 가정을 탓합니다. 사회를 탓합니다. 나라를 탓합니다. 이런 분들이 알았으면 좋겠습니다. 약점도 하늘이 준 은혜로 받을 때 그 약점으로 인하여 오히려 세상에서 대가(大家)가 될 수 있음은 성경의 가르침입니다. (고후12:10) 고아, 가난, 병약, 무학(無學)의 약점을 발판삼아 정상에 오른 마쓰시다를 바라보며 힘을 냈으면 좋겠습니다.

Chapter 7
격려와 위로

# 너는 혼자가 아니다

금년 4월 14일 서울 서초동 소년 법정에서 일어난 일입니다. 친구들과 오토바이를 훔쳐 달아나다 붙잡힌 한 소녀(16세)가 방청석에 홀어머니가 지켜보는 가운데 재판을 기다리고 있었습니다. 중년의 여성 부장판사가 입장하자 법정은 조용해졌고, 큰 형벌을 예상하고 움츠리고 있던 소녀를 향해 조용히 말했습니다. '앉은 자리에서 일어나 나를 따라 힘차게 외쳐 보렴. 나는 이 세상에서 가장 멋있게 생겼다.' 예상치 못한 요구에 잠시 머뭇하던 소녀는 나지막하게 '나는 이 세상에서....'라며 입을 열었습니다.

이번에는 더 큰소리로 따라 하라 하였습니다. '나는 무엇이든지 할 수 있다. 나는 이 세상이 두려울 게 없다. 이 세상은 나 혼자가 아니다.' 큰 소리로 따라하던 소녀는 '이 세상은 나 혼자가 아니다.'라고 외칠 때 참았던 눈물을 터뜨리고 말았습니다. 소녀는 작년 가을부터 14건의 절도, 폭행 등으로 한차례 소년 법정에 섰던 전력이 있었으므로 이번에는 재범(再犯)으로 분류되어 큰 벌을 받아야 마땅합니다. 그럼에도 재판장은 소녀에 대한 형벌을 구호를 따라하는 것으로 판결을 내렸습니다.

재판장이 이런 결정을 내린 이유는 이 소녀가 어려운 가정환경에도 상위권 성적을 유지하며 장래 간호사를 꿈꾸던 발랄한 학생이었는데,

작년 초 귀가 길에서 남학생들에게 끌려가 집단 폭행을 당하면서 삶이 송두리째 바뀌었기 때문입니다. 그 일로 홀어머니는 충격을 받아 몸이 마비되었습니다. 소녀는 후유증으로 병원의 치료를 받았

(김귀옥 판사)

고, 이후 비행(非行) 청소년들과 어울려 범행을 저지르게 된 것입니다.

재판장은 법정의 참관인들 앞에서 말을 이었습니다. '이 소녀는 가해자로 재판에 왔습니다. 그러나 이렇게 삶이 망가진 것을 알면 누가 가해자라고 말할 수 있겠습니까? 이 아이의 잘못의 책임이 있다면 여기에 앉아있는 여러분과 우리 자신입니다.' 눈시울이 붉어진 재판장은 눈물이 범벅이 된 소녀를 앞으로 불러 '이 세상에서 누가 제일 중요한 건 바로 너야. 이 사실만 잊지 않는다면 지금처럼 힘든 일도 이겨낼 수 있을 거야.' 그리고는 두 손을 쭉 뻗어 소녀의 손을 잡아주면서 이렇게 말을 이었습니다. '마음 같아서는 꼭 안아주고 싶지만 너와 나 사이에는 법대(法臺)가 가로막혀 있어 이정도 밖에 할 수 없어 미안하구나.'

참여관(參與官), 실무관(實務官) 그리고 방청객들까지 눈물을 흘리게 했던 이 판결은 서울 가정법원 김귀옥(47세) 부장판사가 내린 판결입니다. 길이 남을 판결에 저도 눈물이 납니다. 그리고 흐르는 눈물을 훔치며 재판장이 던졌던 말을 깊이 되새겨 봅니다. 누가 가해자(加害者)인가? 누가 피해자(被害者)인가? 가해자를 두둔하자는 말이 아닙니다. 가을은 사색(思索)의 계절이라 하였습니다. 깊어가는 가을과 함께 김귀옥 부장판사가 던진 말을 새겨보았으면 좋겠습니다.

Chapter 8
격려와 위로

# 왼손을 위한 피아노 협주곡

비트겐슈타인(P. Wittgenstein, 1887년-1961년)은 오스트리아의 빈에서 태어났습니다. 그는 어린 시절 대단한 음악 애호가였던 부모 밑에서 성장하였는데, 이로 인해 자연스럽게 음악에 관심을 가지게 되었습니다. 당시 자기 집에 드나들던 브람스, 말러, 슈트라우스 등 유명 음악가들의 사랑을 받았습니다. 음악적 좋은 환경 속에서 성장한 그는 오스트리아의 정상급 피아니스트로 자리를 잡게 되었습니다.

잘 나가던 비트겐슈타인에게 제1차 세계대전은 그의 운명을 바꾸어 놓았습니다. 전쟁이 발발하자 국방의무를 위해 전쟁터에 나가야 했고, 러시아와의 백병전 중 부상을 당하여 오른팔을 절단하는 수술을 받았습니다. 오른팔이 잘려나간 피아니스트, 그는 참담했습니다. 절망이었습니다.

(비트켄슈타인)

하루아침에 인생의 모든 꿈이 물거품이 되어 버렸습니다.

그러나 비트겐슈타인은 인생을 이렇게 끝낼 수 없다고 생각했습니다. 그는 왼손 하나뿐이지만 피아노를 계속하기로 마음먹었습니다. 평소에 즐겨했던 곡들을 왼손으로만 치는 곡으로 편곡하였습니다. 피눈물 나도록 연습하고 또 연습하였습니다. 왼손 테크닉을 마스터한 그는 당시 저명한 작곡가들에게 왼손밖에 없는 자신을 위한 특별한 곡을 써 달라고 부탁하였습니다. 그러나 모두들 왼손뿐인 그에게 관심이 없었습니다. 왼손만으로 연주하는 곡의 음악성을 의심했기 때문입니다.

다시 한 번 절망할 무렵 라벨(J. M. Ravel, 1875-1937)이 그를 위해 특별한 곡을 써 주었습니다. 이때가 1931년이요, 곡명이 〈왼손을 위한 피아노 협주곡〉입니다. 그로부터 2년 후, 1933년 11월 27일 비트겐슈타인은 빈에서 빈 교향악단과 협연으로 이 곡을 초연(初演)하였습니다. 청중들은 크게 환호하며 감동하였고 연주회는 대성공을 거두었습니다.

그 후로 두 손이 건강한 피아노의 대가들도 왼손의 기량을 과시하기 위해 이 곡을 연주하곤 하였으며, 이렇게 하여 이곡은 세계적으로 유명하게 되었습니다. 나아가 비트겐슈타인 한 사람 때문에 〈왼손을 위한 피아노곡〉은 현재 700곡이 넘게 되었습니다. 참고로 '오른손을 위한 곡'은 아주 적습니다.

그대, 오른손이 없습니까? 오른발이 없습니까? 그래서 참담합니까? 절망입니까? 남아 있는 왼손을 보십시오. 그리고 그 왼손의 영역(領域)을 개척(開拓)하십시오. 물론 쉽지 않을 겁니다. 쉽지 않다고 포기할 수는 없지 않습니까? 그대를 격려(激勵)합니다.

Chapter 9
격려와 위로

# 실패학 강사가 되다

마이웨이스탁 대표 김동조 씨는 대학을 졸업하고 1987년 유력한 증권회사에 입사하였습니다. 회사에게 직원들에게 주는 우리 사주(社株)를 받게 되었고 이것이 계기가 되어 주식에 손을 대기 시작하였습니다. 당시는 주식시장이 좋을 때라 쉽게 돈을 모을 수 있었습니다. 돈맛을 본 그는 이참에 10억 원을 벌겠다는 과욕이 오히려 있는 돈도 까먹고 빚을 지게 되었습니다. 빚을 갚기 위해 빚을 내어 투자하는 악순환이 12년 동안이나 계속되었고 결국 7억 원의 빚을 지게 되었습니다.

채권자들의 독촉전화가 시도 때도 없이 걸려왔고 집으로 직장으로 찾아와 욕설을 퍼부었습니다. 아이들을 유치원에조차 보내지 못할 만큼 생활이 어려워졌습니다. 그러던 어느 날 답답해 바람을 쐬러 남산에 갔습니다. 무심코 남산의 계단을 하나씩 세어가며 오르다가 문득 한 가지 사실을 깨달았습니다. 자신의 실패원인이 엘리베이터를 타고 정상에 가려는 것임을 알게 된 것입니다. 이제 그는 실패 앞에 당당하자고 마음먹었습니다. 생각이 여기까지 이르자 이제는 의욕이 생겼습니다.

무조건 덤볐던 주식 투자에서 한 걸음 떨어져서 투자실패를 연구하기 시작하였습니다. 2년 동안 자신의 투자방법과 실패를 분석하였고,

그것으로 주식에 관심 많은 30,40대 직장인을 대상으로 투자기법 강의를 시작하였습니다. 실패학 강의는 인기를 얻어 MBC라디오 시황해설, 매일경제TV '김동조의 실패학교실' 과 PSB '김동조의 신나는 주식투자'를 진행하게 되었습니다. 그 후 4년 만에 단 1원도 남기지 않고 빚을 다 갚게 되었습니다.

그의 책 〈실패학 정신이 성공을 부른다〉(마이웨이라이프, 2004)는 이렇게 해서 세상에 나오게 되었습니다. 그는 대부분 실패의 원인이 '과정을 무시한 조급증' 이라고 규정합니다. 그래서 그는 책의 전반부에서 '엘리베이터의 환상'(1장)에서 벗어나 '계단으로 돌아오라'(2장)고 강조하고 있습니다.

우리 주변에 실패의 늪에서 벗어나지 못하는 사람들이 있습니다. 밤낮 소주잔을 기울이며 울분을 토하는 사람들이 있습니다. 사람 만남을 기피하고 빈방에 홀로 있는 사람들이 있습니다. 당분간 그럴 수 있습니다. 그러나 정도가 심해 폐인이 되어가는 사람들도 있습니다. 사업이든 결혼이든 취업이든 실패는 그 하나의 실패일 뿐 인생실패가 아님을 알았으면 좋겠습니다. 자신의 실패학을 재기의 발판으로 삼은 김동조 씨를 보며 우리 주변의 모든 실패자들이 일어설 수 있었으면 참으로 좋겠습니다.

Chapter 10
격려와 위로

# 인체의 신비

지난 3월 26일부터 서울 어린이 대공원 특별전시관에서 신비한 인체 특별전이 열리고 있습니다. 전신표본 16점과 장기표본 등 150여 점이 전시되고 있다 합니다. 사람의 몸은 하나님이 만드신 것 가운데 최고의 걸작품입니다. 하나님의 손길을 고스란히 느낄 수 있는 현장이기도 합니다. 사람의 수명을 70세라 할 때 대략 다음과 같은 일들이 일어난다고 합니다. 49,200리터의 물을 마신다. 38,300리터의 소변을 본다. 50톤의 음식을 먹는다. 563km의 머리카락이 자란다. 3.7km의 손톱(한 손가락 기준)이 자란다.

갓난아기는 뼈가 305개인데 커가며 합쳐져 205개로 줄어들며 그중 절반이 손과 발에 있습니다. 뼈의 조직은 끊임없이 죽고 다른 조직으로 바꾸어 7년마다 몸 전체의 모든 뼈가 새로 바뀝니다. 피부는 끊임없이 벗겨져 4주마다 완전히 새 피부로 바뀌게 됩니다. 한 사람이 평생 벗는 피부의 무게는 48kg 정도이며 평생 1,000번 새로 갈아입는다 합니다. 위에 분비되는 위산은 아연을 녹여버릴 정도로 강하지만 위장에서 분비되는 알칼리성 분비물이 위벽을 녹지 않도록 막아줍니다. 위벽은 세포들이 죽어 새 세포로 대치되는데 3일마다 전체가 새것으로 바뀌게 됩니다.

심장은 300g 정도의 자기 주먹만 한 것입니다. 이것은 분당 60~70회, 하루에 약 10만 번, 평생을 70년으로 보면 2,600,000,000회 박동합니다. 인체의 혈관을 한 줄로 이으면 약 16 만km(지구의둘레의 4배)나 됩니다. 심장은 이렇게 긴 혈관을 통해 하루에 1,000회 이상 피를 순환시키는 일을 합니다. 며칠씩 굶어도 심장의 박동 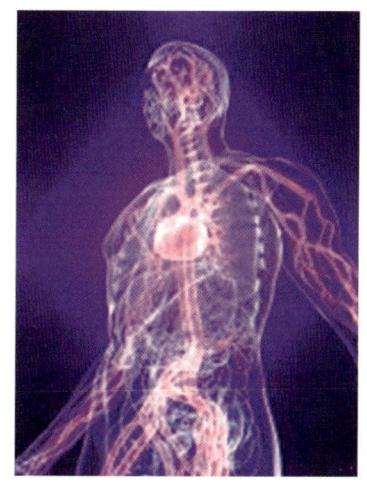 은 약해지지 않습니다. 음식의 탄수화물이 아닌 몸 안에 축적된 지방을 분해함으로 에너지를 얻기 때문입니다.

일반적으로 자동차는 20,000개의 부품이, 747제트 여객기는 3,000,000개의 부속품이, 우주왕복선은 5,000,000개의 부속품이 필요하다고 합니다. 인체는 10,000,000,000,000개의 세포조직과 25,000,000,000,000개의 적혈구와 25,000,000,000개의 백혈구가 있습니다. 두뇌는 그 어떤 초대형 컴퓨터와 비교할 수 없이 탁월합니다. 그러나 이 모든 것 외에 하나님의 형상이 깃들어 있다는 사실은 그 어느 것으로도 설명할 수 없습니다.

우리 주변에 열등감에 빠진 사람들이 있습니다. 습관적으로 자기 비하를 일삼는 사람들도 있습니다. 이런 사람들이 인체 특별전에 가보았으면 합니다. 자신의 신비한 인체를 보며 자신이 얼마나 소중한 존재인지 자존감을 회복했으면 좋겠습니다.

# PART 9

# 108만 8천원

(훈련과 도전)

*Training and Challenges*

- 108만 8천원
- 타고난 천재는 없다
- 17년 매미
- 사흘만 걸을 수 있다면
- 춘화현상
- 프란시스를 찾아온 두 젊은이
- 미소의 가치
- 변소의 철학
- 고무다리 선교사
- 계기비행

Chapter 1
훈련과 도전

# 108만 8천원

지난 금요일 저녁입니다. 신문을 뒤적이던 저는 서상문 할아버지(70세, 경북 영주시 순흥면 읍내리)이야기를 읽었습니다. 할아버지는 경북과 강원 일대를 돌며 집 수리공으로 평생을 보내셨다 합니다. 작업도구와 자재(資材)를 챙겨야 하는 직업상 자동차는 필수품임에 누구도 부인하지 못할 것입니다. 하지만 글을 모르는 할아버지는 운전면허 학과시험(필기시험)에 지원할 수 없었습니다. 그렇게 아쉬워하며 젊은 날을 그렇게 보냈습니다.

2000년은 할아버지에게 희망의 해였습니다. 면허시험제도가 바뀌어 문맹자(文盲者)들에게는 필기가 아닌 구술(口述)시험을 볼 수 있었기 때문입니다. 당시 65세이던 할아버지는 당장 면허시험장에 접수하였습니다. 그날이 2000년 8월 12일 입니다. 그런데 보기 좋게 떨어지고 말았습니다. 할아버지는 다시 접수를 하였고 또 떨어졌습니다. 그렇게 하길 271번이나 반복하였습니다. 그리고 마침내 지난 4월 12일 원서접수 272번 만에 당당히 운전면허 구술시험에 합격하였습니다. 정확히 4년 8개월 만에 합격한 것입니다. 응시원서에 붙였던 인지대가 1회에 4,000원씩이라니 도합 108만 8천원이 든 셈입니다.

이쯤에서 저는 할아버지의 입장을 생각해 보았습니다. 우선 운전하기에 나이가 많습니다. 보통 사람의 생각으로는 70
세가 되었다면 하시던 운전도 그만둘 나이가 아닌가 생각됩니다. 20번이 아니라 200번이 훨씬 넘도록 떨어졌습니다. 이쯤 되면 보통사람 같으면 '할 만큼 해보았다 안되겠다 그만 포기하자' 이런 생각이 들지 않겠습니까?

담당 경찰에 의하면 보통 사람은 아무리 많이 계산하더라도 20~30회 정도 떨어지면 창피해서라도 포기한다고 합니다. 정말 할아버지는 보통 할아버지가 아니셨습니다. 글을 모르신다 하시니 배우신 게 없으신 것이 분명합니다. 일하시는 상황으로 볼 때 큰돈도 가지고 계신 것 같지 않아 보입니다. 그럼에도 보통사람이 아닌 그 신비한 힘은 어디에서 온 것일까요? 제 생각엔 도전정신(挑戰精神)입니다.

성경의 한 구절이 떠오릅니다. '너의 평생에 너를 능히 당할 자 없으리니... 마음을 강하게 하라 담대히 하라' (수1:5) 우리에겐 세상 사람이 가질 수 없는 하나님의 약속이 있습니다. 그래서 갈렙은 85세의 나이에도 이렇게 외쳤습니다. '이 산지를 내게 주소서... 그 성읍들은 크고 견고할지라도 내가 그들을 쫓아내리이다.' (수14:12)

108만 8천원 속에는 할아버지의 도전정신이 배어있습니다. 험한 세상을 사는 우리에게도 도전정신이 필요합니다. 공부함에도 직장생활에도 사업함에도 도전정신이 필요합니다. 도전정신이 없는 자가 성공하는 것은 낙타가 바늘귀로 들어가는 것 만큼이나 어려운 일이기 때문입니다.

## Chapter 2
훈련과 도전

# 타고난 천재는 없다

'득점기계' '슛 쟁이' '코트의 신기(神技)' '슛 도사'는 80년 농구 스타 이충희 씨를 지칭한 말입니다. 그는 지금까지 가장 탁월한 선수 가운데 한 사람으로 알려져 있습니다. 그가 주축이 된 고려대학교 팀은 전설의 49연승 기록을 남겼습니다. 현대 팀은 아직도 깨지지 않는 14연승을 기록하였습니다. 그는 농구대잔치 12시즌 득점왕을 차지하였습니다. 한 경기 최

(현대시절 이충희)

다득점(64점) 기록 보유자 입니다. 9년 동안 165게임 총 4,412점을 끝으로 은퇴하여 4,000점을 넘긴 최초의 사람이 되었습니다.

그의 신체적 조건은 농구하기에는 적절치 못합니다. 농구에서는 신장이 생명이라 할 수 있는데 180cm 밖에 되지 않습니다. 게다가 시력이 0.3밖에 되지 않아 3점 라인에서는 링이 잘 보이지 않는다고 합니다. 그럼에도 그가 어떻게 전설적인 슛터가 되었을까 궁금합니다.

중3 때 이충희 선수는 키도 작고(150cm) 자질도 부족해 코치로부터 그만두라는 말을 듣기도 하였습니다. 고등하교 2학년 때까지는 후보였습니다. 그런 그는 연습 외 다른 길이 없었습니다. 하루에 1,000개씩 슛

을 던졌습니다. 하루도 거르지 않았습니다. 몇 달 훈련하는데 링이 크게 보이기 시작하고 나아가 눈을 감아도 링이 보일 정도가 되었다 합니다.

　1984년 MBC TV의 스타 24시 취재 프로그램이 있었습니다. 당시 변웅전 아나운서는 이충희 선수의 눈을 안대로 가리고 자유투 라인에서 공을 던지게 시작하였습니다. 하나 둘 셋... 던지는 것마다 링을 통과하였습니다. 8개를 다 넣을 때 변웅전 아나운서가 이충희 선수에게 말했습니다. 지금 녹화를 하고 있는데 10개를 다 넣으면 시청자들이 안대를 가짜로 생각하니 두개는 넣지 말아 달라는 것이었습니다. 그래서 두개는 일부러 넣지 않았다고 합니다.

　이런 일화도 있습니다. 신혼여행을 가서도 인근에 있는 학교 운동장을 찾아 슛 연습을 하고 오자 부인이 고개를 절래절래 흔들었다 합니다. 그는 시합이 가까워지면 자세를 흐트러뜨리지 않으려고 상체를 묶은 채로 잠을 잤다 합니다. 큰 대(大)로 자지 않고 옆으로 누워 잤다 합니다. 어깨를 좁혀 상대방을 헤집고 들어감에 용이하기 위해 그렇게 한 것입니다.

　에디슨이 죽었을 때 그의 서재에는 3,600권의 스케치북이 발견되었습니다. 탁구로 세계를 제패한 김택수 씨는 하루에 1만개의 스매싱 훈련을 하였다 합니다.


　우리 주변에 훈련 없이 열매와 영광을 누리려는 철없는 사람들이 있는 것 같습니다. 우리교회는 지금 목적이 이끄는 40일 캠페인을 진행하고 있습니다. 이번 주간은 '훈련주간' 입니다. 이충희 씨를 보며 훈련의 가치를 곱씹어 봅니다. 실력도 인격도 신앙도 훈련 없이는 경지에 도달할 수 없습니다. 편리함에 익숙한 우리들 이번주간에 훈련을 회복하는 기회가 되었으면 합니다.

Chapter 3
훈련과 도전

# 17년 매미

- 
- 
- 

　매미(Cicada)는 '맴맴' 운다고 하여 '매미'로 붙여졌습니다. 전 세계적으로 3,000종이 있다고 알려져 있으며 우리나라에는 27종이 있다 합니다. 크기는 12~60mm 정도이며 나무의 수액을 먹이로 삼습니다. 여치와 귀뚜라미가 날개와 다리를 움직여 소리를 내는 기악가라면 매미는 성악가라 할 수 있습니다.

　매미의 배는 거의 비어있는데 그 안에 발음판이 있습니다. 붙어있는 발음근(發音筋)을 격렬하게 오므렸다 폈다하면 발음판이 진동하여 소리가 납니다. 처음 소리는 약하지만 온 배의 공기를 진동시키면 큰 소리를 내게 됩니다. 오직 수컷만이 소리를 낼 수 있으며 주로 암컷을 부르는 신호로 알려져 있습니다.

　여름철에 주로 나무 틈새에 알을 낳습니다. 가을에 부화된 애벌레는 약 2mm 정도인데 땅으로 기어들어가 성충이 될 때까지 땅속에서 머물게 됩니다. 땅속에 들어간 애벌레는 여러 번 허물벗기를 하며 종류에 따라 다소 다르지만 평균 6년 정도 땅속에 머물러 있습니다. 이는 지상에서 보통 10여일 밖에 살지 못하는 것과 비교하면 장구한 세월이라 하지 아니할 수 없습니다. 보통의 매미들은 지상에서 10여일을 살기 위해

6년의 세월을 캄캄한 땅속에서 인내하며 기다려야 합니다.

미국 동부에 서식하고 있는 '17년 매미'가 있습니다. 보통 것에 비해 이것은 17년 동안 땅속에서 애벌레로 기다리다 매미가 된다 하여 붙여진 이름입니다. 10여일의 삶을 위해 17년간 땅속에서 나무뿌리의 즙을 빨아먹고 삽니다. 너무 자주 많이 빨아먹으면 나무가 말라버리고 그것은 곧 자기의 죽음을 의미하는 것입니다. 그러니 배고파도 참으며 나무가 죽지 않을 만큼 적당히 조절하며 17년을 지낸다는 것입니다. 철저한 절제에 감탄하지 않을 수 없습니다. 17년 매미를 보며 삶에 대한 감동을 넘어 숭고함을 느낍니다.

지난 주간 강의를 준비하며 경주에 머물렀습니다. 어느 교회가 선교사업으로 하는 중국 조선족 신학생들을 위한 강의에 초청하였기 때문입니다. 어느 날 저녁을 먹고 보문호수를 산책하였습니다. 매미소리가 들려왔습니다. 60cm 정도 가까이서 노래하는 그를 한동안 눈여겨보았습니다. 이런 마음이 들었습니다. 인내할 줄 모르는 사람들이 올 여름엔 매미소리를 들었으면 좋겠습니다. 절제할 줄 모르는 사람들도 매미소리에 귀를 기울였으면 좋겠습니다. 시간을 허비하는 사람들도 매미소리를 새롭게 들었으면 좋겠습니다.

Chapter 4
훈련과 도전

# 사흘만 걸을 수 있다면

2004년 4월 10일 중국에선 2003년 올해의 아름다운 중국청년상 시상식이 있었습니다. 13억 중국인들이 눈시울을 붉힌 시상식이었습니다. 수상자 장원청은 1980년 흑룡강성 외진 마을에서 태어났습니다. 3살 때 진행성 근이여양증이라는 병에 걸렸습니다. 세포막 기능 이상으로 근섬유가 파열하여 발생하는 근육질병 입니다. 몸 전체 근육이 서서히 마비되어 가다 결국 폐 부위 근육이 마비되면 호흡곤란으로 죽게 됩니다. 세계보건기구가 지정한 인류 5대 불치병 가운데 하나이며 환자는 대부분 청소년기를 넘기지 못합니다.

사실 투병이라는 말보다는 죽음을 기다린다는 것이 더 정확한 표현일지 모르겠습니다. 이미 오래 전에 의사는 그에게 2008년까지 살 것이라는 선고를 하였기 때문입니다. 장원청 보다 세살 많은 형도 같은 병으로 누워있습니다. 말하자면 자신의 미래를 형을 통해 보고 있는 것입니다. 그렇지만 그는 자신의 인생을 소중하게 여겼습니다.

그의 책 214쪽에는 이런 말이 있습니다. '나는 혼자 옷을 입을 수도, 세수를 할 수도 없다. 하지만 나는 결코 내 운명을 원망하지 않는다. 운명은 누구에게나 공평하기 때문이다. 내 경우만 해도 그렇다. 운명은 내게 건강을 허락하지 않았지만 나는 앉아서 죽음을 기다리느니 적극적으로 살기로 결심하고 이상을 향해 큰 걸음을 내디뎠다. 내게는 근사한 소망, 즉 책을 써서 작가가 되고픈 소망이 있다.'

장원청은 가정 형편과 마비된 몸 때문에 교육을 받은 적이 없습니다. 그는 독학으로 글을 깨쳤습니다. 책 한권, 물 한잔조차 스스로 들 수 없었습니다. 하지만 마비된 손끝으로 한자 한자 글을 적어 내려갔습니다. 그가 글자 하나를 적는데 걸리는 시간은 6분, 그렇게 하길 꼬박 6년간 17만자를 적었습니다. 하루에 겨우 77자를 적었다는 계산입니다. 그리하여 수필집을 발간하였습니다. 그 책 이름이 〈사흘만 걸을 수 있다면〉입니다.

호랑이는 죽어서 가죽을 남기고 사람은 죽어서 이름을 남긴다는 말이 있습니다. 장원청은 마비된 손끝으로 한권의 책을 남겼습니다. 의사의 말대로 라면 그에게 이제 남은 시간은 3년 밖에 없습니다. 그럼에도 그는 오늘도 어제보다 더 마비된 손끝으로 희망의 글자 하나를 적어가고 있습니다. 반면 우리 주변에 인생을 허비하는 사람들이 있습니다. 인생을 함부로 사는 사람들이 있습니다. 그래서는 안됩니다. 최소한 우리가 글자 한 자를 쓰는데 6분이 걸리지 않는다면 말입니다.

Chapter 5
훈련과 도전

# 춘화현상

- 
- 
- 

　이재철 목사님이 쓰신 책 〈매듭짓기〉를 읽다보면 다음과 같은 이야기가 있습니다. 호주 시드니에 사는 교민 한 사람이 고국을 방문하고 가는 길에 개나리 가지를 꺾어 다가 자기 집 정원에 심었습니다. 나이가 들어감에 더욱 심해지는 조국에 대한 향수를 달래려는 마음이었을 겁니다. 그 해가 가고 이듬해 봄이 되었습니다.

　호주의 맑은 공기와 좋은 햇빛 덕에 가지와 잎은 한국의 개나리와는 비교가 되지 않을 정도로 무성하였습니다. 그러나 이상하게도 꽃은 피지 않았습니다. 첫해라 그런가 보다 생각하며 다음 해를 기다렸습니다. 두 해째에도 꽃은 피지 않았고 셋째 해가 되었어도 꽃은 피지 않았습니다. 궁금하기 짝이 없었습니다. 살펴보고 물어보고 탐구하며 비로소 꽃이 피지 않는 사실을 알게 되었습니다.

　한국처럼 매서운 추위가 없는 호주에서는 개나리가 아예 꽃망울조차 맺을 수 없다는 사실이었습니다. 개나리는 특성상 혹한(酷寒)의 겨울을 지나야만 비로소 꽃망울을 터트릴 수 있습니다. 식물계에서는 이것을 '춘화현상'(春化現象, vernalization)이라 부릅니다. 이것을 처음 연구발표한 사람은 소련의 리센코(Lysenko)로 알려져 있습니다. 비단 개나리뿐만이 아닙니다. 튤립, 히아신스, 백합, 라일락, 철쭉, 진달래 등도 마찬가지입니다.

저는 농부의 아들입니다. 농촌 사람들은 파종(播種)하는 시기에 따라 두 종류의 보리가 있음을 잘 알고 있습니다. 이른 봄에 씨를 뿌리어 여름에 거두어들이는 봄보리와 가을에 씨를 뿌리어 이듬해 여름에 거두어들이는 가을보리가 있습니다. 그러나 두 보리의 수확량은 큰 차이가 있습니다. 같은 씨를 같은 땅에 뿌렸다 할지라도 가을보리가 봄보리보다 수확량이 훨씬 많습니다. 봄보리는 따뜻한 봄날 가운데 자랐지만 가을보리는 눈과 서릿발의 혹한을 지낸 결과입니다. 이것 또한 춘화현상이란 할 수 있습니다.

지금 우리 주변에 개나리가 한창입니다. 산을 오르다 보니 소월(素月)이 님이 가는 길에 뿌리겠다던 진달래가 너무나 아름답습니다. 좀 있으면 철쭉도 정원마다 산마다 향기를 뿜어낼 것입니다. 올해는 이런 꽃들의 아름다움을 마냥 즐기지 않았으면 좋겠습니다. 한 송이 꽃을 피우기 위해 서릿발 혹한을 견뎌야 했던 춘화현상을 마음에 새겼으면 좋겠습니다. 우리 주변에 혹한 없이 꽃을 피우려는 사람들이 적지 않습니다. 이런 분들이 인생의 꽃은 개나리와 같고 인생의 열매는 보리와 같음을 알았으면 좋겠습니다.

Chapter 6
훈련과 도전

# 프란시스를 찾아온 두 젊은이

'주여, 나를 평화의 도구로 써 주소서'로 시작하는 〈평화의 기도〉로 잘 알려진 아시시의 성자 프란시스(St. Francis, 1181-1226)는 부유한 집안에서 태어났지만 모든 것을 포기하고 하나님의 사람이 되었습니다. 그는 평화를 사랑하고 청빈한 삶으로 하나님의 사랑을 보여준 성자 중의 성자였습니다. 자기 시대에 가장 지고한 영성을 소유했던 분으로 유명합니다.

그 유명한 프란시스에게 어느 날 두 사람의 젊은이가 찾아왔습니다. '선생님, 선생님의 제자가 되고 싶습니다. 저희들을 제자로 받아 주십시오.' 물끄러미 바라보던 프란시스가 말했습니다. '앞마당 배추밭에서 배추를 옮겨 심되 뿌리를 하늘 쪽으로 심어주시오.' 젊은이 한 사람은 배추뿌리를 하늘로 향하도록 심는 것은 있을 수 없는 일이라 생각했습니다. 혹시 선생께서 잘못 말씀하신 것으로 생각하여 배추를 정상적으로 심었습니다. 다른 젊은이는 바보 같은 짓이지만 뿌리를 하늘로 향하도록 심었습니다.

얼마 후 프란시스가 나왔습니다. 바르게 심은 젊은이에게 말했습니다. '자네는 훌륭한 농사꾼을 될 수 있겠지만 내 제자는 될 수 없네.' 곁에 있던 젊은이에게 말했습니다. '자네는 농사꾼은 될 수 없겠지만 훌륭한 제자는 될 수 있겠구먼.' 프란시스에 의하면 참된 제자도는 '순종'에 있다는 것입니다. 이성(理性)과 경험과 상식을 뛰어넘는 절대순종이 곧 제자됨의 핵심이라는 것입니다.

프란시스 이야기를 하다 보니 이런 이야기가 생각납니다. 옛날 한 임금이 총애하는 신하를 불러 우물물을 길어 밑 빠진 독에 물을 채우라고 명령했습니다. 밑 빠진 독에 물이 채워질 리가 없습니다. 충성스러운 신하는 오직 임금의 명령만 생각하면서 밤낮으로 물을 길어 날랐습니다. 결국 우물 바닥이 드러나고 말았습니다. 우물 바닥에 무엇인가 번쩍이는 것이 보였습니다. 엄청나게 큰 금덩어리였습니다.

신하는 임금 앞에 무릎을 꿇었습니다. '임금님, 용서하소서. 독에 물을 채우지 못했습니다. 그러나 우물 바닥에서 이 금덩이를 건졌나이다.' 임금은 빙그레 웃으며 '밑 빠진 독에 물을 채우겠다고 우물이 바닥나도록 수고했구려. 그 금덩이는 절대 순종하는 신하를 위해 준비된 것이라오.'

금년 우리교회 화두(話頭)는 단연 '야성믿음'입니다. 야성믿음은 처세술이 난무하는 세상 한복판에서 절대순종의 고강도 훈련을 통해 이루어집니다. 복잡하게 생각하거나 이것저것 따지지 말고 눈 딱 감고 절대순종하며 살겠다고 다짐하면 좋겠습니다. 결국은 축복이기 때문입니다.

Chapter 7
훈련과 도전

# 미소의 가치

한 은행에 임시직 청원경찰이 있었습니다. 그는 고객을 대하는 태도가 너무 딱딱하다는 지적을 받고 웃는 연습을 하기 시작하였습니다. 많은 연습 끝에 밝은 미소를 소유한 그는 은행 입구에서 고객들에게 인사를 했고 그 모습이 고객들의 시선을 끌었습니다.

그는 좋은 인상을 주었을 뿐만이 아니라 은행 업무에 서투른 노약자들을 도와주었습니다. 은행 업무를 익히고 금융상품에 대해 공부도 시작하였습니다. 고객 노트도 만들어서 고객을 관리하면서 고객의 인상과 대화 내용까지도 꼼꼼히 기록해 관리를 하였습니다.

그는 여전히 70만 원을 받는 임시직이었지만 은행은 그 청원경찰로 인해 수신고(受信庫)가 몇 백억이 증가되었습니다. 그가 정직원이 아니라는 사실을 안 고객들은 그를 정식으로 채용해달라는 진정서를 제출하였습니다. 은행에서도 그의 실적을 무시할 수 없어서 그는 정식 직원으로 채용되었습니다.

그러나 그것도 잠시 잠깐 뿐 은행이 합병되면서 퇴직권고를 받았습니다. 그러자 이웃의 새마을 금고에서 특별 채용하여 그를 모셔갔습니다. 그를 채용할 당시 금고의 예금액은 80억 원에 불과했는데 그가 온지 불과 몇 달 만에 260억 원을 넘어섰습니다. 전에 근무하던 은행 고객이 그가 금고로 자리를 옮긴 것을 알고 예금을 대거 이동시켰기 때문입니다.

'제가 한 일은 아무나가 다 할 수 있는 일입니다. 다만 게을러서 하기 싫을 뿐이지요. 누구나가 불가능한 것이 아니라 하지 않기 때문에 못하는 것뿐이지요.' 그는 300억의 예금 유치실적을 올렸습니다. 그가 바로 신화의 주인공 새마을 금고 한원택 지점장입니다.

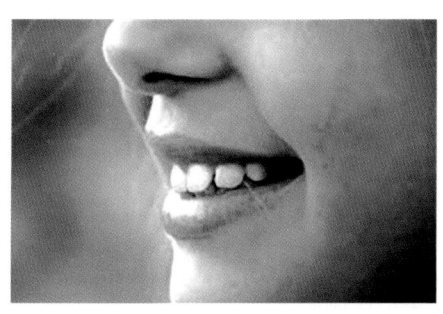

요즘 인터넷상에서 인기리에 전해지는 양은경의 '행복한 동행'에 있는 글을 그대로 옮겨 적었습니다. 사색(思索)의 계절, 가을이 더더욱 깊어가고 있습니다. 오늘은 한번쯤 거울 앞에 서보면 어떨까요? 그리고 굳어져가는 얼굴을 펴서 미소(微笑)를 한번 지어보면 좋겠습니다. 그대의 미소, 300억 자산가치가 있습니다.

Chapter 8
훈련과 도전

# 변소의 철학

　서울신문 기자생활을 오래 한 오소백씨가 1967년 한 권의 산문집을 냈습니다. 거기 이런 이야기가 있습니다. 젊은 시절 신문사의 사옥에서 숙직을 하게 되었습니다. 추운 겨울날 홀로 사옥을 지키려고 하니 심심한 생각이 들었던지 동네 슈퍼마켓에 내려가 소주를 한 병 사다가 홀짝홀짝 안주도 없이 마셨습니다. 그러다 찬 바닥에 잠이 들어버렸습니다. 새벽에 잠을 깨고 보니 아랫배가 아프기 시작합니다. 한 손으로는 아랫배를 움켜쥐고 화장실로 달려갔습니다. 그런데 수위 아저씨가 화장실 문을 철커덕 잠그고 퇴근해 버렸습니다.

　급한 나머지 그는 철조망 담을 뛰어넘어 공중변소로 달려갔습니다. 한참 볼일을 보다가 앞을 바라보니 화장실 벽에 새까맣게 낙서로 도배되어 있었습니다. 그 낙서들이 얼마나 재미가 있는지 한 줄 한 줄 읽어 내려갑니다. 가운데쯤 왔을까요? 굵직한 글씨로 한 줄 크게 쓰여 있었습니다. '오른쪽을 보시오!' 호기심에 얼른 오른쪽을 봅니다. 많은 낙서 가운데 눈에 익은 그 글씨, 이번에는 '왼쪽을 보시오!' 얼른 왼쪽을 봅니다. 이번에는 '뒤도 돌아다 봐라!' 묘한 자세를 하고 뒤를 돌아보았습니다. 그랬더니 '위도 쳐다 봐!' 궁금증을 해결하기 위하여 천장을 쳐다보았더니 매직글씨로 '뭘 봐 똥이나 싸지!' 허탈한 생각이 들었지만 그래 똥이나 싸자하며 볼일을 보았습니다.

그런데 가만히 생각하니 그게 진리입니다. 그 자리에 앉으면 그 자리에 앉은 볼일이 있다는 걸 깨달았습니다. 그때마다 생각이 나서 한편씩 글을 써 내려갔는데 한권의 수필집으로 발간하게 되었습니다. 이 책 이름을 뭐라고 할까? 생각하다가 화장실에서 인생을 깨달은 것이니 〈변소의 철학〉이라는 제목을 붙였습니다.

변소든 어디든 사람은 그 자리에 앉으면 그 자리에 앉은 볼일이 있다는 그의 말에 전적으로 동감(同感)합니다. 목사가 되었으면 목사의 볼일이 있을  게고, 교사가 되었으면 교사의 볼일이 있을게고, 회사의 과장이 되었으면 과장의 볼일이 있을게고, 학생이라면 학생의 볼일이 있을 것입니다. 그러니 다른 생각 말고 자기 볼일에 최선을 다하는 삶이 변소철학의 가르침입니다.

자, 이제 교우 여러분에게 숙제 하나를 드리겠습니다. 이번 한 주 동안 묵상하며 답을 찾아보기 바랍니다. 병원은 병원으로서의 볼일이 있고, 학교는 학교로서의 볼일이 있고, 교회는 교회로서의 볼일이 있습니다. 그렇다면 교회의 볼일은 무엇일까요? 조금 구체적으로 말한다면 우리 각 크리스천의 볼일이 무엇일까요? 9월 가을로 접어드는 길목입니다. 건강하고 행복하시기 바랍니다. 여러분을 사랑하고 축복합니다.

Chapter 9
훈련과 도전

# 고무다리 선교사

오래 전 미국의 한 젊은이가 선교사로 헌신하였습니다. 신학을 마치고 마침내 소망하던 대로 선교사 시험에 합격하였습니다. 남달리 오지에 헌신을 다짐했던 청년은 아프리카 지역에서도 식인종 부족을 선교지로 선택하였습니다. 그 곳은 이미 몇몇의 선교사들이 발을 디뎠지만 목숨을 잃었거나 실패한 채 돌아선 곳이었습니다.

파송을 앞두고 청년은 여러 가지 준비로 바삐 보내던 어느 날, 그만 자동차 사고를 당했습니다. 그가 눈을 떴을 땐 다리 한 쪽이 잘라나간 뒤였습니다. 청년은 크게 실망하였습니다. 괴로움으로 부르짖었습니다. '하나님, 제가 선교사로 나가는 마당에 어찌하여 제 다리를 자르시는 겁니까?' 그의 통곡(痛哭) 앞에서도 하나님은 좀처럼 입을 열지 않으셨습니다. 다만 '나는 너를 사랑 한다' 는 한 마디 뿐이었습니다.

그러던 어느 날 청년은 문득 다리하나가 남아있다는 사실을 깨닫게 되었습니다. 없어진 다리 대신 남아 있던 다리 하나를 발견하게 된 것입니다. 그는 남은 한쪽다리로 인해 감사하기 시작했습니다. 이후 점점 마음이 회복된 그는 고무다리를 끼우고 선교지도 떠나게 되었습니다.

선교지에 도착하니 아니나 다를까 식인종들이 달려들었습니다. 선교사를 붙잡은 식인종들은 서로 차지하겠다고 잡아당기기 시작하였습니다. '아! 전임 선교사들이 이렇게 해서 죽임을 당하였구나!' 이런 생각이 머리를 스치는 순간 선교사의 고무다리가 쑥 빠졌습니다. 식인종들은 빠진 고무다리를 저마다 물어뜯기 시작하였습니다. 이만 아프지 맛도 없을 뿐더러 먹을 수도 없었습니다.

그들이 선교사 앞에 고무다리를 집어던지며 말했습니다. '저 인간은 먹지 못하는 인간이야!' 그리고는 하나 둘 떠나갔습니다. 홀로 남은 선교사는 고무다리를 붙잡고 통곡하였습니다. 하나님의 섭리를 깨달았기 때문입니다. 고무다리 때문에 살아남은 선교사는 선교에 성공할 수 있었습니다.

제가 주일학교를 담당하던 전도사시절 읽었던 책의 내용입니다. 하나님의 섭리는 오묘합니다. 아름답습니다. 사랑입니다, 축복입니다. 고무다리 선교사를 통해 배우는 것은 '그럼에도 감사' 해야 하고, '무조건 감사' 해야 합니다. 세상은 날로 감사가 식어지고, 굳어지고 있지만 하나님 안에 있는 사람은 감사할 것 밖에 없습니다. 오늘은 총출석주일 및 맥추감사절입니다. 고무다리 선교사를 생각하며 감사로 7월을 시작하면 좋겠습니다.

Chapter 10
훈련과 도전

# 계기비행

- 
- 
- 

통계자료에 의하면 항공기 사고의 결정적인 요인은 조종사의 비행착각에 의한 것이 대부분이라 합니다. 비행착각이라 함은 비행 중 어떤 일이나 현상에 대하여 그릇된 인식과 판단을 잘못한 경우를 말합니다. 특히 군 전투기 조종사들은 음속을 뛰어넘는 속도와 잦은 회전 등으로 인하여 자신의 자세나 비행 방향을 착각하게 되는 경우가 많습니다.

이러한 착각은 모두 조종사의 감각(느낌)에 의해서 이루어집니다. 만일 비행착각에서 벗어나지 못하면 치명적인 사고로 이어지게 됩니다. 때문에 조종사들은 비행착각에 빠지지 않도록 지상에서 철저한 훈련을 받습니다. 그것은 계기비행(計器飛行)이 몸에 배도록 하는 것입니다.

계기비행이라 함은 어떤 느낌, 어떤 생각이 들더라도 오직 조종간(操縱桿)에 있는 '계기'만을 믿고 그것을 중심으로 조종하는 것을 가리킵니다. 즉 조종사 자신의 감각과 생각을 버리고 조종간의 계기만을 의존하는 것입니다.

초음속으로 여러 번의 회전을 거듭한 전투기의 조종사는 순간적으로 바다를 하늘로 착각할 수 있습니다. 좌우를 착각할 수 있습니다. 비가 오는 악천후나 짙은 구름 속으로 들어갔을 때도 착각이 올 수 있습니다. 특히 칠흑 같은 야간비행은 더욱 그러합니다. 야간 투시경을 이용한다고 하지만 대조물(對照物)이 보이지 않아 거리 감각이 떨어지고 방향감각이 약해집니다. 그러므로 조종사의 생명과 같은 비행수칙 제일은 '계기비행'인 것입니다.

감각과 계기, 비행착각에 빠진 조종사들은 이 두 사이에서 고민한다고 합니다. 내 생각이 옳지 않은가? 계기도 고장 날 수 있지 않은가? 그러나 감각을 따르면 죽음이요, 계기를 따른 것이 생명입니다. 베테랑 조종사들이란 이 수칙을 생명처럼 지키는 사람들입니다.

세상은 날이 갈수록 가치관이 혼돈스러워 갑니다. 세상은 감각과 느낌만이 행복의 길인 것처럼 선동하고 있습니다. 세상은 야간비행처럼 거리도 방향도 종잡을 수 없습니다. 신앙인은 계기비행을 해야 합니다.

우리 인생의 조종간에 있는 계기는 '하나님의 말씀' 입니다. 유행과 감각을 따르지 말고 하나님의 말씀만을 의지하고 비행해야 합니다. 감각비행에 젖은 이 시대의 사람들이 계기비행으로의 전환이 있었으면 좋겠습니다. 감각과 계기, 이 두 사이에서 고민하는 신앙인들도 바른 선택을 하여 세상이라는 창공을 힘차게 날았으면 좋겠습니다.

# PART 10

## 내 십자가는 어디 있나요?

(헌신과 희생)

*Devotion and sacrifice*

- 내 십자가는 어디 있나요?
- 오츠 대원이 남긴 마지막 말
- 주보를 나눈 장군
- 고라니 엄마 풍산개
- 맹인과 앉은뱅이
- 가을기러기
- 우동할머니
- 빚 갚으러 왔습니다
- 평사리 최참판 댁에서
- 공생과 기생

Chapter 1
헌신과 희생

# 내 십자가는 어느 것인가요?

원자폭탄 투하지역으로 더 잘 알려진 일본의 나가사키, 나가사키 역에서 왼편 위로 니시자카 언덕이 있습니다. 이 언덕에는 토요토미 히데요시가 임진왜란의 패전에 대해 민심을 환기시키기 위해 기독교 박해를 시작하면서 1597년 26명의 크리스천(당시 포르투칼소속의 예수회)들을 처형한 것을 기념하는 26인 기념비가 세워져 있습니다.

1597년 1월 당시 수도였던 교토와 오오사카에서 24명이 체포되었습니다. 누구든 크리스천이라면 이렇게 된다며 경고하기 위해 한쪽 귀와 코를 잘랐습니다. 그리고는 당시 서양문명을 일찍 받아 교회가 활발하던 나가사키까지 끌고 가 처형하도록 명령했습니다. 이들은 1월 9일 교토를 출발하여 800km 떨어진 나가사키로 향했습니다. 혹독한 겨울이었습니다. 게다가 맨발이었습니다. 포박당한 채였습니다. 그들이 당한 고통을 상상하기 어렵지 않습니다.

한 달을 가야하는 길, 들어서는 마을마다 이들을 바라보는 백성들로 하여금 공포를 느끼며 신앙의 맥을 끊으려했던 것이 히데요시의 생각이었습니다. 그러나 이들을 지켜보며 사람들은 생각했습니다. '대체 저들이 믿고 따르는 예수가 누구기에 이런 모진 고문을 감내한단 말인가?' 오히려 감동을 받은 두 사람이 스스로 크리스천임을 자백했습니다. 그리고 24명과 함께 순교의 길에 동참하였습니다.

나가사키의 니시자카 언덕에 도착하였습니다. 2월 5일 10시경 그들 앞에는 이미 26개의 십자가가 놓여 있었습니다. 26명 가운데는 15살, 13살, 12살 소년 셋이 있었습니다. 기념비를 보면 왼쪽에서 7번째와 17번, 18번째에 위치하고 있습니다. 함께했던 사람들이 한 사람씩 한 사람씩 십자가에 달리고 있었습니다. 지켜보던 12살 작은 소년이 집행관에게 땅 바닥에 늘어져 있는 십자가들을 보며 물었습니다. '내 십자가는 어느 것인가요?' 묻는 소년의 얼굴은 공포가 아니라 빛나는 얼굴이었답니다.

크리스천임에도 십자가에 무관심한 사람, 나아가 십자가를 멀리하는 사람이 적지 않습니다. 아예 십자가를 외면하는 사람도 있는 듯합니다. '내 십자가는 어느 것인가요?' 십자가를 지고 싶어 했던 소년

(나가사키의 26인 순교기념비)

의 음성이 들리는 듯합니다. 저는 니시자카 언덕에 두 번 가봤습니다. 그 기념비 밑에는 이렇게 적혀 있습니다. '나를 따라 오려거든 자기를 부인하고 자기 십자가를 지고 나를 좇을 것이니라' (마16:24) 고난주간입니다. 그리고 특별새벽기도회가 시작됩니다. '십자가'를 깊이 묵상했으면 좋겠습니다.

Chapter 2
헌신과 희생

# 오츠 대원의 마지막 말

- 
- 
- 

　1911년 비슷한 시기 남극점 정복을 최초로 시도한 두 탐험대가 있었습니다. 노르웨이의 아문센(Amundsen)이 이끄는 탐험대와 영국의 스콧(Scott)이 이끄는 탐험대였습니다. 둘 중 남극점을 최초로 정복한 영예는 아문센 탐험대에게 돌아갔습니다. 그래서 아문센은 잘 알려져 있지만 스콧은 그렇지 못합니다. 하지만 남극점 정복이 전부였던 아문센과 달리 스콧은 남극점 정복과 더불어 남극 탐사를 목표로 했던 진정한 탐험가였습니다.

　총5명으로 이루어진 스콧 탐험대는 극점(極點)을 정복하기만도 사투를 해야 하는 여정이었지만 일류발전을 위해 남극에서 얻을 수 있는 과학과 지식을 위해 최선을 다했습니다. 조류발생학을 탐구하여 생명의 신비에 한걸음 다가갔습니다. 대륙의 지질연대를 밝히기 위한 표본채집도 하였습니다. 또 각종 장비들을 꾸준히 테스트하여 실생활에 도입하기 위한 노력도 아끼지 않았습니다. 이렇게 하여 아문센보다 한 달이 늦은 1912년 1월 18일에 남극점에 도달하였지만 첫 정복의 영예는 아문센의 것이 된 것입니다.

　스콧탐험대가 극점을 정복하고 돌아오는 길이었습니다. 악천후로 인해 조난(遭難), 식량부족, 동상의 고통을 겪게 됩니다. 극한의 추위와 굶주림, 탈진 속에서 대원들은 죽어갔습니다. 결국 5명의 대원 모두가 최후를 마쳤습니다.

그해 11월 12일 발견된 그들의 텐트에는 세 사람이 누워있었습니다. 모퉁이에는 14kg이나 되는 지질학 표본이 놓여있었습니다. 허기와 탈진으로 사투를 벌이면서도 일류발전을 위해 짊어지고 온 것이었습니다. 머리맡에는 3월 29일을 마지막으로 쓴 탐사일기와 가족, 친구에게 보내는 편지 300여 통이 발견되었습니다. 이 탐사일기는 〈남극일기〉(박미경 옮김)로 소개되었고, 스콧의 〈홀로될 나의 아내에게, To my widow〉라는 마지막 편지가 공개되기도 하였습니다.

탐사일기 가운데 이런 대목이 나옵니다. 자신의 동상(凍傷) 때문에 지체되면서 대원이 다 죽을 수 있다고 판단한 오츠는 3월 16일 텐트를 나서 눈보라 속으로 사라지며 이런 말을 남겼습니다. '잠시 밖으로 나갔다 오겠습니다. 시간이 좀 걸릴지도 모르겠습니다.' (I am just going out and may be sometime) 오츠의 유언이었습니다. 그날은 오츠의 32번째 생일이었습니다.

스콧탐험대 이야기는 사명인생을 산 사람들 이야기입니다. 눈을 감고 눈보라 속으로 절뚝거리며 유유히 사라져가는 오츠 대원을 그려봅니다. 그리고 사심(私心)이 아닌 사명인생(使命人生)으로 살아갈 것을 다짐해 봅니다.

(맨 오른쪽이 스콧)

Chapter 3
헌신과 희생

# 주보를 나눈 장군

교회에서 수고하는 교사들을 위해 쓰인 책이 있습니다. 김동호 목사님의 〈교사 바이블〉이란 책입니다. 저는 몇 년 전 이 책을 다 읽고 안표지에다 '중직자 교육을 위해서도 좋은 책' 이렇게 한 마디 적어 놓았습니다. 사실 이 책은 교사만을 위한 책이 아닙니다. 이 책에 오래 오래 남는 이야기 한 토막이 있습니다. 이 이야기는 우리나라에서 실제로 있었던 일이라 합니다.

어느 군인교회에서 새로 부임한 군목이 열심히 목회를 했습니다. 부대장은 장군으로 그 교회 집사님이었습니다. 여러 군목을 만나보았지만 남달리 교회를 섬기는 모습에 부대장 장군이 감동하셨나 봅니다. 그 부대장 장군이 어느 날 군목 사무실을 찾아왔습니다. 그러고 이렇게 물었습니다. '목사님, 뭐 필요한 것 없습니까? 뭐든지 말씀하시면 힘껏 도와 드리겠습니다.' 그 말이 끝나자마자 군목은 이렇게 말했습니다. '장군님 부탁이 있습니다.' '뭡니까?' '다음 주일날 30분만 일찍 오십시오.' '그러지요' 장군은 흔쾌히 대답했습니다.

군목의 말이 이어졌습니다. '그런데 오실 때 군 정복을 입고 모자도 쓰고 별을 달고 오십시오. 그리고 가슴에 훈장도 달고 오십시오.' '대체 뭣 때문에 그러지요?' 장군이 물었습니다. '장군님 일찍 오셔서 주보 좀 나눠주십시오.' 아무리 군목이지만 부대장 장군한테 주보를 돌리라니...

장군은 신앙이 깊으셨던 모양입니다. 군목의 말에 순종했습니다. 정말 30분 일찍 와서 정복에 별 달고 주보를 나눠주기 시작했습니다. 일등병이 와도 훈련병이 와도 인사하며 악수를 청했습니다. 그 일로 부대에 난리가 났습니다. 군인들은 주일만 되면 '야, 우리 장군한테 인사 한 번 받으러 가자. 장군하고 악수하러 가자' 하면서 교회로 몰려들었습니다. 예배당이 미어터졌습니다. 내무반마다 사무실마다 장군님께 대한 존경은 가득 차게 되었습니다. 존경받으니 부대를 지휘하는데 아무런 어려움이 없었습니다.

우리 교회는 지금 새해봉사자를 모집하고 있습니다. 이마와 어깨에 별을 달았지만 그 손으로 주보를 잡고 계신 그 장군을 그려봅니다. 그 모습 속에서 제자들의 발을 씻
기 위해 수건을 잡으신 예수님의 형상을 보게 됩니다.

우리에게 지위나 권세, 지식이나 기술, 예능이나 체능, 부(富)나 건강 등 남다른 것이 있다면 그것은 내게 주신 별 입니다. 그리고 그 별은 남을 섬기라고 주신 것입니다. 새 해 우리 교회에서도 주보를 잡으신 장군님을 보았으면 좋겠습니다.

Chapter 4
헌신과 희생

# 고라니 엄마 풍산개

　북한의 양강도 풍산지방을 원산지로 하는 풍산개가 있습니다. 몸체는 좀 작은 편으로 길이가 60cm, 몸무게는 25kg 정도입니다. 추위와 여러 가지 질병에 잘 견디고 힘이 세며 먹성이 좋다고 합니다. 성질은 온순한 편이지만 아주 재빠르고 용맹하며 적과 만나면 개 무리 가운데 앞장서서 싸우러 달려갑니다. 게다가 한번 맞붙어 싸우면 결코 물러서는 법이 없으며 끝까지 사투를 벌입니다.

　2007년 6월 20일 한국조류협회 파주지회장 한갑수(당시 52)씨 집의 비닐하우스에 버려진 고라니 새끼 한 마리가 구조되어 왔습니다. 눈도 제대로 뜨지 못한 것이었습니다. 그런데 이상한 일이 벌어졌습니다. 한씨의 풍산개(5살)가 고라니 새끼를 돌보기 시작한 것입니다. 우선 지저분한 온 몸을 핥아 목욕을 시켜주었습니다. 끙끙거리는 고라니에게 젖까지 물려주었습니다. 냄새로 인해 닥쳐올 위험을 알아차리고 고라니 새끼의 배설물도 먹어치웠습니다.

　이 소식이 전해지자 이웃 주민이 돌보던 고라니 새끼 한 마리를 보내왔습니다. 인근부대에서도 돌보던 새끼 한 마리를 또 보내왔습니다. 한씨의 풍산개는 졸지에 고라니 새끼 3마리의 엄마가 되었습니다. 두 마리나 늘어났지만 풍산개는 지극 정성을 다해 고라니 새끼들을 친자식처럼 돌보고 있습니다. 사람이 접근하지 못하도록 경계를 서고 번갈아 가며 젖을 물리며 여전한 사랑을 베풀고 있습니다.

고라니는 사슴과에 속한 것으로 들판이나 산기슭에 풀을 먹으며 삽니다. 수컷이라도 뿔이 없는 아주 약한 동물입니다. 이 때문에 고라니는 짐승들의 가장 손쉬운 먹이감 입니다. 개와 고라니는 예로부터 앙숙(怏宿)이었다고 합니다. 새끼 고라니는 풍산개가 가장 좋아하는 한입거리 고기 덩어리라는 말입니다. 그럼에도 한 씨의 풍산개는 개의 동물본능을 넘어서고 있습니다.

고라니 소식이 전해 진 그해 그달 6일 전주의 한 여고생이 독서실 화장실에서 아기를 낳아 그곳에 버렸다는 소식이 있었습니다. 저도 자식을 둔 아버지로서 그 학생에 대해 말하고 싶은 생각은 전혀 없습니다. 다만 본능(本能)대로 사는 사람이 적지 않음과 그 결과는 고통스럽다는 것을 말하고 싶을 따름입니다.

사람과 개를 지능(知能)이나 교육면에서 비교한다면 바보일 것입니다. 내일부터 특별새벽기도회가 시작됩니다. 우리의 본능대로라면 따뜻한 이불속에 있어야겠지요. 비단 새벽기도만이 아니라 매사에 본능을 넘어 진리 안에 살았으면 좋겠습니다. 본능을 이기는 길은 쓰나 그 열매는 언제나 달기 때문입니다.

Chapter 5
헌신과 희생

# 맹인과 앉은뱅이

옛날 한 고을에 두 거지가 살고 있었습니다. 공교롭게 모두 장애를 가지고 있었습니다. 한 사람은 맹인이었고 다른 한 사람은 앉은뱅이였습니다. 동병상련(同病相憐)의 아픔으로 만난 그들은 혈육보다 더 진한 우정의 끈을 가지고 있었습니다. 또한 서로를 절실히 필요로 한다는 점에서 서로 아끼고 사랑하였습니다.

두 사람은 한 움막에 기거하며 걸식으로 생계를 이어갔습니다. 음식을 구하러 나가는 길이면 맹인은 앉은뱅이 친구를 등에 업어 다리 역할을 대신하였습니다. 앉은뱅이는 맹인친구의 눈 역할을 대신하였습니다. 완벽한 조화를 이루어 협력하며 살아가는 모습을 본 동네 사람들은 음식을 아끼지 않았습니다. 비록 거지요 신체적 아픔이 있었지만 두 사람은 나름대로 하루하루 행복하게 살 수 있었습니다.

그러던 어느 해 그 고을에 큰 흉년이 들었습니다. 이로 인해 고을 사람들의 생활이 여유롭지 못하게 되었고 자연스럽게 두 거지에게 돌아오는 음식도 줄었습니다. 그러자 앉은뱅이의 마음에 다른 생각이 들었습니다. 늘 반반씩 나눴던 맹인친구의 밥그릇에서 몇 숟가락씩 자기 밥그릇에 몰래 옮겨놓기 시작한 것입니다. 그 결과 맹인친구는 늘 배가 고팠지만 자기는 늘 배부르게 먹게 되었습니다.

　어느 추운 겨울 눈보라가 휘몰아치는 날이었습니다. 그 날도 두 사람은 음식을 구하기 위해 움막을 나섰습니다. 여느 때처럼 맹인은 앉은뱅이를 업고 길을 가고 있었습니다. 그날 맹인은 앉은뱅이 친구를 업는 것이 너무나 힘들었습니다. 그럴 수밖에 없는 것이 앉은뱅이는 배불리 먹어 몸이 많이 불어나 있었습니다.

　반면 맹인은 제대로 먹지 못해 약해질 대로 약해져 있었습니다. 일순간 현기증을 일으킨 맹인은 그만 그 자리에서 쓰러지고 말았습니다. 그 바람에 등에 업혀있던 앉은뱅이도 나동그라질 수밖에 없었습니다. 그 다음날 고을 사람들은 얼어 죽은 맹인과 앉은뱅이의 시신을 발견하였습니다.

　우리 주변에 조금 어렵다고 '나'만 생각하는 사람들이 적지 않습니다. 분명한 것은 '너'의 소중함을 모르고 무시했던 '나'의 결과 역시 마찬가지로 죽음이라는 사실입니다. 하나님은 사람들이 서로 껴안고 살도록 지으셨습니다. 사람은 이기심을 반드시 넘어서야 합니다. 그럼에도 안타까운 것은 맹인과 앉은뱅이 이야기가 옛 이야기를 넘어 오늘 우리시대 우리들의 이야기라는 점입니다.

Chapter 6
헌신과 희생

# 가을기러기

일반적으로 새는 텃새와 철새로 나눕니다. 텃새는 사시사철 우리나라에 터를 잡고 사는 새들입니다. 반면 철새는 철따라 삶의 터전을 옮기는 새를 말합니다. 10월 말경 우리나라에 찾아와 겨울동안 머무는 새를 겨울철새라 합니다. 3월경에 찾아와 여름동안 머무는 새를 여름철새라 합니다. 한편 북쪽과 남쪽을 오가며 잠시 거처로 삼는 새들을 나그네새라 부릅니다. 우리나라를 찾아오는 겨울철새 중 오리와 비슷하나 목이 길고 다리가 짧은 기러기가 있습니다. 이들의 주 거처가 낙동강 하구 강변이나 삼각주인 만큼 부산에서 쉽게 볼 수 있습니다.

기러기는 다른 새와 달리 먼 길을 이동함에 대형(隊形)을 이루어 날아갑니다. 주로 V자 형으로 이동합니다. 여기에는 특별한 의미가 있습니다. 한 기러기가 날개 짓을 하면 날개 뒤로 일종의 공기 소용돌이가 만들어 집니다. 이 소용돌이는 퍼덕이는 날개 바깥쪽으로 상승기류를 낳습니다. 상승기류를 타면 적은 힘을 들이고도 멀리 날 수 있습니다. 따라서 기러기는 상승기류를 타기 위해 앞 기러기의 바깥쪽에 날아가다 보니 자연스럽게 V자형이 되는 것입니다. 과학적 연구에 의하면 혼자 날아가는 것보다 72%나 더 멀리 날아갈 수 있다고 합니다.

기러기 V형 대열의 맨 앞자리는 공기 저항을 그대로 받고 상승기류도 전혀 없는 가장 힘든 자리입니다. 무리 중에서 가장 경험이 많고 힘이 센 수컷이 그 힘든 앞장을 맡는다고 합니다. 그 뒤를 이어 보통 수컷들 그 다음에는 암컷 이렇게 힘 있는 순서로 열을 지어가고 손쉬운 마지막 자리는 어린 것들에게 배려한다고 합니다. 맨 앞자리 기러기가 지치면 무리가운데 힘 있는 다른 기러기와 임무교대를 합니다. 뒤에 따라오는 어린 것들은 소리를 내어 힘든 앞자리에 있는 기러기들을 격려한다고 합니다.

V자 대열을 지어 가을하늘을 가로지르는 기러기 떼를 보며 '더불어' 사는 삶을 생각해 봅니다. '배려' 라는 말도 곰곰이 회상해 봅니다. 인간 세상에서는 언제부터인지 '더불어' '배려' 같은 단어는 낯선 이방인 신세가 되었습니다.

그러나 이것들보다 더욱더 가슴 시리도록 그리운 것은 '앞장' 이라는 말입니다. 공동체를 위해 V자의 정점인 앞장에 서서 힘차게 날개 짓하는 그를 보며 감동을 넘어 성스러움을 느낍니다. 그의 앞장은 이권(利權)이 아닌 담부(擔負)의 앞장이기 때문입니다.

Chapter 7
헌신과 희생

# 우동 할머니

지난 10일 서울에서 한 할머니(83세)가 세상을 떠났습니다. 그 시대 대다수 사람들이 그러했듯이 김복순 할머니 역시 무척이나 어렵고 힘들게 살아오셨습니다. 할머니는 거제도에서 9남매의 장녀로 태어났으나 끼니를 이를 수 없었습니다. 생각다 못해 집안에 입 하나라도 줄이겠다며 어린 나이에 상경하였습니다. 말 그대로 안 해본일 없다시피 궂은일을 하며 끼니를 이어갔습니다. 세월이 지나 몇 푼의 돈도 모아 1970년부터는 서울역 앞에 2평짜리 작은 가게를 얻어 우동을 팔며 이제는 내 집도 마련하였습니다.

할머니는 젊어서 남편과 사별하고 어려운 가운데서도 딸 셋을 모두 입양해 키웠습니다. 어느 겨울 이불에 싸인 채 홀로 사는 할머니 집 앞에 버려진 큰애, 부모 없이 친척 손에 맡겨진 둘째, 그리고 부모의 이혼으로 오갈 데 없던 젖먹이 고아 막내를 데려와 잘 키웠습니다. 환갑이 지나서야 한글을 깨우친 할머니는 어느 날 경희대학교총장 강연에 감동을 받고 인재는 사회에서 뒷받침을 해줘야 클 수 있다며 인재양성에 미력하나마 힘을 기울이기 시작하였습니다.

1970대부터 거제도 창호초등학교에 책상, 걸상, 캐비닛, 악기 등을 기증하여 거제군 교육장이 주는 감사표창을 2번이나 받았습니다. 그러던 중 뜻한 바가 있어 1998년 11월 자신의 장위동 빌라(85㎡)를 경희대학교에 사후 기증하기로 유언공증(遺言公證)하였습니다. 이때 세 딸도 상속포기각서를 써 화답하였답니다.

엊그제 할머니가 세상을 떠나자 빌라는 경희대학교가 인수하였고 이 집에 함께 살던 막내 미진(26세)씨는 이사 준비를 하고 있다 합니다. 2002년에는 우동으로 평생 모든 돈 8,800만 원을 경희대학교에 기증하였습니다. 이제 주검이 된 할머니는 늙은 몸일망정 학생들 공부에 도움이 된다면 좋겠다며 의과대학 연구용으로 시신마저 내놓았습니다. 경희대학교는 할머니가 남긴 유산을 정리하여 '김복순장학재단'을 설립하여 그 이름을 기린다고 합니다.

호랑이는 죽어서 가죽을 남기고 사람은 죽어서 이름을 남긴다는 말이 있습니다. 우동 할머니는 죽었지만 그분의 이름은 김복순장학재단에 남아 있습니다. 오고 오는 후대에도 그 이름은 후손과 사람들 사이에서 회자(膾炙)될 것입니다.

성경은 인생을 안개, 풀꽃으로 비유합니다. 짧고 덧없다는 뜻입니다. 우리교회 안에 우동 할머니같이 명예로운 이름을 남기는 분들이 많았으면 좋겠습니다.

Chapter 8
헌신과 희생

# 빚 갚으러 왔습니다

평북 정주가 고향인 최태섭 장로(1910.8.26-1998.5.31)의 삶엔 아름다운 전설 같은 일화들이 있습니다. 한 때 만주에서 콩을 사들여 중국인들에게 소매로 판매하는 중개업을 하고 있었습니다. 한번은 큰 계약을 성사시켰는데 계약한 콩을 넘기기 전에 갑자기 콩 값이 폭등하였습니다. 위약금을 물어주고 다른 상인에게 콩을 넘기면 엄청난 이익을 남길 수 있었습니다. 다른 중계업자들이 그렇게 했습니다. 그 분은 그냥 계약대로 했습니다. 콩을 넘겨받은 중국 상인들이 이익의 반을 주겠다고 했지만 받지 않았습니다. 이후 이 일은 중국 상인들 사이에서 화제가 되고, 너도나도 그 분과 거래를 하겠다고 북새통을 이뤘다는 것입니다.

해방 후 서울의 한 은행에서 대출을 받아 사업을 하던 때 6·25 전쟁이 터졌습니다. 다들 피난가기 바쁜데 그 와중에도 돈 갚아야 할 기일이 된 것을 알고 빚 갚으러 갔습니다. 전쟁 통에 뭐든 챙겨서 떠나는 상황이었는데 그 분은 오히려 돈을 들고 은행을 찾아갔습니다. 직원이 매우 난처한 표정으로 말했습니다. '빌린 돈을 갚겠다고요? 전쟁 통에 대출 장부가 어디 있는지도 모릅니다. 장부의 일부는 부산으로 보냈고 일부는 분실됐습니다. 그래도 갚으시게요?' 장로님은 돈을 내밀었습니다. 정식서류가 없는 터라 직원이 적어주는 영수증에 인감도장을 받아 나왔습니다.

6·25전쟁이 끝난 후 제주도에서 군납 사업을 시작했습니다. 생선을 공급하는 일을 맡게 되어 갈수록 물량이 많아지자 원양어선을 구입해야겠다고 마음먹었습니다. 그러나 수중에 돈이나 담보물이 없었습니다. 부산의 한 은행을 찾아가 융자를 신청했습니다. 은행에서는 전쟁이 막 끝난 후라 모든 것이 불확실한 상황에서 대출은 위험하다고 판단했습니다. 게다가 담보물도 없었습니다.

거절당한 장로님은 은행 문을 나서려다가 문득 자신이 전쟁 중 피난길에 서울에서 갚은 빚이 잘 정리되었는지 알아봐야겠다는 생각이 들었습니다. 발길을 돌려 예전에 받은 영수증을 은행 직원에게 보여주었습니다. 영수증을 본 은행 직원은 깜짝 놀라 소리쳤습니다. '아! 바로 당신이군요. 당신의 정직함은 은행가의 전설처럼 회자되고 있답니다.'

직원은 장로님을 은행장 방으로 인도했고 은행장은 오직 하나 그 분의 신용을 보고 당시 2억이란 거액을 흔쾌히 대출해 주었습니다. 대출받은 사업자금과 은행권의 신용으로 성공적인 사업을 펼쳐 나갔습니다.

이후 장로님은 '한국유리'를 설립하여 굴지의 회사로 세웠습니다. 사업을 하시며 기도에 힘쓰셨고 많은 재산을 국제기아대책기구, 경희대학, 한신대학, 상명여대, 오산중고등학교, 숭의여대 등 여러 곳을 지원하였습니다.

사람들은 그 분을 가리켜 말합니다. '유리처럼 깨끗하게 사신 분'이라고.

Chapter 9
헌신과 희생

# 평사리 최 참판 댁에서

모든 분들이 주님의 몸인 교회를 위해 헌신적으로 봉사하고 있습니다. 다 귀하고 소중한 일손이지만 사랑방 목자의 수고를 생각할 때마다 눈물겹도록 감사드립니다. 지난 달 27일 사랑방 목자 위로회가 있었습니다. 동행하지 못한 사랑방 목자들을 아쉬움으로 남긴 채 모처럼 지리산으로 단풍구경을 나섰습니다. 한 차에 타고 그저 함께 떠나는 것만으로도 좋았습니다. 뱀사골로 들어가며 심원계곡으로도 불리는 달궁계곡, 반신마을, 성삼재, 코재, 정령치 등에 관한 이야기로 꽃을 피웠습니다.

돌아오는 길에 박경리 선생이 쓴 대하소설(大河小說, 사람들의 생애나 가족의 역사 따위를 사회적 배경 속에서 시대의 흐름에 따라 포괄적으로 다루는 소설) 〈토지〉의 배경으로 유명한 하동군 평사리에 들렀습니다. 소설 토지는 집필기간 26년(1969-1994), 원고지 3만 매가 넘는 분량만 보아도 작가가 얼마나 심혈을 기울여 썼는지 잘 알 수 있습니다. 1890년부터 동학혁명, 갑오개혁, 일제 강점기까지 한국 근대사를 배경으로 하고 있습니다. 작품에 나타나는 인물들은 실존했던 인물들이 아니지만 한국 근대사를 살아온 대중의 삶과 한(恨)을 부각시킨 한국문학사에 큰 획을 그은 작품입니다.

토지의 주 배경인 평사리는 소설속에 나오는 '최 참판댁'의 촬영세트가 그대로 남아 있어 관광명소가 되었습니다. 우리가 방문한 그 날

(최 참판댁 세트)

정확한 기억은 아니지만 '잘 살아보세' 라는 영화를 촬영하고 있었습니다. 주연배우 김정은 씨가 최 참판댁 마루에서 동료와 연기하는 모습을 보았습니다. 그러나 그날 제가 더 감동 있게 본 것은 조명을 받고 있는 주연배우가 아니었습니다.

그 날 영화 몇 장면을 찍는데 배후에 수십 명의 봉사자들을 보았습니다. 분장을 맡은 사람, 조명을 맡은 사람, 음향을 맡은 사람, 촬영을 맡은 사람들을 보았습니다. 하찮은 일로 생각되는 구경꾼을 통제하는 일을 맡은 사람들이 골목마다 있었습니다. 영화는 배우보다 오히려 스크린에 단 한 번도 드러나지 않는 그들의 몫이라는 것을 거기서 실감하였습니다.

여러 날 기도하며 준비한 VIP초청축제가 내일 시작합니다. 어쩌면 이번축제의 성공적인 힘은 무대에서는 볼 수 없는 숨겨진 봉사자들 입니다. 음향방송담당, 찬양담당, 주차담당, 음식담당, 사무담당, 안내담당 이들의 손이 없다면 우리 축제의 결과는 예측하기 어렵지 않습니다. 조명 받지 않는 무대 밖의 스텝들, 그들에게 하나님이 축복해 주실 것입니다. 목사인 저도 그들을 진정 소중히 여기고 있습니다.

Chapter 10
헌신과 희생

# 공생과 기생

- 
- 
- 

　생물가운데 살아가는 방식이 아주 대조적인 두 가지가 있습니다. 공생(共生, Symbiosis)과 기생(寄生, Parasitism)입니다. 공생이란 서로 다른 종류의 생물끼리 긴밀한 관계를 유지하며 서로 이익을 주고받으며 한 곳에 사는 것을 가리킵니다. 이 같은 공생에는 두 종류가 있는데 상리공생(相利共生, Mutualism)과 편리공생(片利共生, Commensalism)이 있습니다.

　상리공생이란 공생자(공생하는 두 종류의 생물)가 상호간에 이익을 주고받는 삶을 말합니다. 예를 들면 개미와 진딧물이 있습니다. 개미는 진딧물의 배설물을 대단히 좋아합니다. 거기엔 당분이 있어 애벌레 개미나 아기 개미에게 아주 유익한 양식이 되기 때문입니다. 반면 진딧물은 무당벌레들이 제일 좋아하는 먹이입니다. 때문에 개미는 진딧물을 보호해 주고 진딧물은 먹이를 제공해 줍니다.

　악어와 악어새의 경우도 마찬가지입니다. 악어는 고기를 주식으로 하는 포식동물입니다. 때문에 이빨 사이에 음식 찌꺼기들이 많이 끼어 있습니다. 이것을 방치하면 부패하여 이빨이 상하게 됩니다. 심하면 몸에 병이 날 수도 있습니다. 악어가 입을 벌리고 있으면 악어새가 날

아와 이빨 사이의 찌꺼기를 살살이 쪼아 먹습니다. 악어는 먹이를 주고 악어새는 이빨 청소를 해주며 살아갑니다.

편리공생이란 공생자 중 어느 한쪽이 이익을 제공하고 다른 한 쪽은 수혜(受惠)만을 누리되 상대방에게는 결코 피해를 끼치지 않는 삶을 말합니다. 고래와 빨판상어가 이 경우에 해당합니다. 빨판상어는 납작한 몸에 24개의 빨판을 가지고 있습니다. 그 빨판으로 고래 같은 큰 어종에 달라붙어 그것들이 흘리는 음식부스러기를 먹고 삽니다. 그러나 고래 자체에게는 전혀 피해를 주지 않습니다.

기생은 상대방으로부터 이익은 받지만 오히려 상대방에게 커다란 피해를 끼치며 붙어사는 삶을 말합니다. 이것은 사람의 몸에서도 쉽게 찾을 수 있습니다. 회충, 십이장충, 편충, 요충같이 우리 몸의 영양소를 빼앗아 먹을 뿐 아니라 치명적인 질병을 유발합니다. 또한 거머리 같은 존재는 상대방의 피를 빨아먹고 살아가는 기생충입니다.

하나님의 형상으로 지음 받았지만 기생의 삶을 사는 사람들이 적지 않습니다. 우리교회는 내일부터 3일간 전교인수련회를 가집니다. 이 기간이 성령의 하나 되게 하셨음을 따라 상리공생의 끈을 더욱 단단히 매는 기회가 되었으면 좋겠습니다. 한 걸음 더 나아가 편리공생의 수혜자(受惠者)가 아닌 시혜자(施惠者)로서의 공생자로 올라서는 기회가 되었으면 좋겠습니다.

# PART 11

## 맹인아저씨와 부엉이

(지혜와 인생)

*Wisdom and Life*

- 맹인아저씨와 부엉이
- 왕과 예언자
- 쉬운 길과 바른 길
- 연어의 귀소본능
- 황금의 손
- 근시안과 원시안
- 개 버릇 남 못준다
- 남편과 애완견
- 21C 개미와 베짱이
- 두 농부 이야기
- 인생시계
- 더 이상 의심을 품지 말게

Chapter 1
지혜와 인생

# 맹인아저씨와 부엉이

　오랜 옛날 산골 한 마을에 앞을 못 보는 한 남자가 살고 있었습니다. '한 번만이라도 좋으니 세상을 볼 수 있다면 얼마나 좋을까' 이것이 간절한 소원이었습니다. 그의 소망은 애절한 노래가 되어 밤이나 낮이나 산골에 퍼져나갔습니다. 어느 날 숲 속의 부엉이 한 마리가 찾아왔습니다. '아저씨 제가 아저씨를 도울 수 있을 것 같아 찾아왔습니다. 저는 야행성이라 밤에만 눈을 사용하니 낮엔 눈이 필요 없습니다. 그러니 낮 동안 제 눈을 빌려 드리겠습니다. 아저씨는 밤엔 눈이 별 필요 없으니 꼭 돌려주셔야 합니다.'
　다음날 아침 맹인이 일어나 눈을 뜨니 세상이 보이기 시작하였습니다. 싱그럽게 부풀어 오른 풀숲이 너무 아름다웠습니다. 들에 옹기종기 피어난 형형색색(形形色色) 꽃들은 환상적이었습니다. 들판이며 흐르는 강을 바라보며 입을 닫을 수가 없었습니다. 게다가 더듬거릴 필요도 없었고 부딪히거나 넘어질 일도 없었습니다. 맹인은 눈을 빌려준 부엉이가 그토록 고마울 수 없었습니다. 그날부터 맹인과 부엉이는 한 집에 살았습니다. 낮에는 아저씨가 눈을 쓰고, 밤에는 부엉이가 그 눈으로 먹이를 찾곤 하였습니다.

그러던 어느 날 맹인 아저씨의 마음에 은근히 욕심이 생겼습니다. 밤에도 눈을 쓰고 싶은 생각이 든 것입니다. 마을과 숲의 야경이 보고 싶었습니다. 캄캄한 밤하늘의 달과 별도 보고 싶었습니다. 그래서 아저씨는 부엉이 몰래 멀리 도망쳐 버렸습니다. 이젠 밤에도 혼자서 실컷 눈을 사용하였습니다. 그런데 문제가 생겼습니다. 날이 갈수록 눈

이 예전 같지 않았습니다. 점점 시력이 희미해지기 시작한 것입니다. 한 달 쯤 지나 결국 아무것도 볼 수 없게 되었습니다.

맹인 아저씨는 물어물어 더듬더듬 자기가 살던 산골 집에 돌아왔습니다. 방안에 들어서자 명주실 같은 가냘픈 부엉이의 음성이 들려왔습니다. '아저씨 왜 저를 버리고 도망가셨어요? 아저씨가 떠난 후 저는 밤에 먹이를 찾지 못해 굶고 있었어요. 그래서 제 눈도 기운(氣運)을 잃고 볼 수 없게 된 것이랍니다.' 이 말을 하고 부엉이는 그만 죽고 말았습니다.

우리 주변에 빌려 쓰는 은혜를 모르는 사람들이 많이 있는 듯합니다. 필요할 때 필요한 만큼 빌려 썼으면 적당한 때에 되돌려 주는 마음이 필요합니다. 성경은 우리 모든 것이 하나님께로부터 빌려 쓰고 있다고 가르칩니다. 문제는 욕심입니다. 욕심을 다스리지 못하면 본인도 부엉이도 죽는다는 사실을 알았으면 좋겠습니다.

Chapter 2
지혜와 인생

# 왕과 예언자

　모험심이 많기로 소문난 왕이 밀림을 헤치며 여행을 하고 있었습니다. 한참 길을 가다 한 사람을 만나 동행하게 되었습니다. 그는 덕망 있는 예언자였습니다. 길은 험해졌고 인적(人跡)이 끊긴지 오래되었습니다. 시장기를 느낀 그들은 주변을 둘러보다가 나무에 매달린 커다란 열매 하나를 발견했습니다. 왕은 엎드린 예언자의 등위에 올라서서 마침내 열매를 손에 넣게 되었습니다. 껍질이 딱딱한지라 왕은 열매를 자르기 위해 애를 쓰다가 그만 새끼손가락 하나를 잃게 되었습니다.

　비명을 지르며 피가 쏟아지는 손가락을 움켜쥔 왕을 보며 예언자가 말했습니다. '오, 왕이시여! 행운이 깃드실 일이 옵니다. 경하(敬賀)드립니다.' 견딜 수 없는 아픔과 검붉은 피가 쏟아지는데도 경하 드린다는 말에 왕은 화가 머리끝까지 났습니다. 그래서 근처에 있는 올라오지 못할 커다란 구덩이에 예언자를 밀쳐버리고 길을 떠났습니다. 얼마나 갔을까 왕은 느닷없이 달려드는 식인종들에게 붙잡혔습니다. 일 년에 한 번 큰 제사를 드리는 날이라 제물을 잡으러 나왔는데 왕이 잡힌 것입니다. 이제 왕은 꼼짝없이 죽게 되었습니다.

　왕은 제단으로 옮겨졌고 식인종의 제사장이 제물로 바쳐진 왕을 살펴보고는 말했습니다. '아하, 새끼손가락이 하나 없구나. 제물은 흠이 없어야 하는데 그냥 풀어 주어라. 흠이 있는 것은 우리 신이 받지 않으신다.' 결국 왕은 새끼손가락이 없어서 살아나게 되었습니다. '아뿔싸, 예언자 말이 맞는 걸 내가 잘못했구나!'

왕은 가던 길을 되돌아 예언자가 있는 구덩이로 달려갔습니다. 구덩이에서 그를 건져주며 진심으로 사과하였습니다. '예언자시여, 정말 미안하오. 내가 잘못했소.' 그러자 예언자가 말했습니다. '왕이시여, 사과할 필요가 없나이다. 저를 구덩이에 넣지 않았다면 제가 대신 제물이 되었을 것입니다.'

우리를 향하신 하나님의 인도하심은 얼마나 오묘한지 헤아릴 수 없습니다. 그 사랑 안에 있는 사람은 모든 일이 합력하여 선을 이루게 됩니다. 그럼에도 다수의 사람들이 눈앞에 벌어지는 한 가지 일마다 일희일비(一喜一悲)하며 살아갑니다. 근시안(近視眼)을 가졌기 때문입니다.

육신의 눈은 바꾸지 못한다 할지라도 사건을 바라보는 인생의 눈은 바꿀 수 있습니다. 왕이 가진 근시안을 버리고 예언자처럼 원시안(遠視眼)을 가졌으면 좋겠습니다. 그리하여 작은 일에 일희일비하지 않고 묵묵히 오늘을 살았으면 좋겠습니다.

Chapter 3
지혜와 인생

# 쉬운 길과 바른 길

김학성(1807-1875)은 조선 후기의 탁월한 재상(宰相)입니다. 순조, 헌종, 철종에 걸쳐 여러 관직을 역임하고, 흥선대원군이 집권한 뒤에도 계속 중용되었습니다. 고종 즉위 후에도 의금부판사, 규장각제학, 홍문관제학, 좌찬성에 이어 평안도관찰사, 중추부판사 등 요직을 두루 역임하였습니다. 그가 훌륭한 재상이 되기까지 그 어머니의 가르침이 큰 영향을 끼쳤습니다. 조선 후기에 기록된 〈일사유사(逸士遺事)〉란 책에는 그 어머니의 일화를 적고 있습니다.

청상과부(靑孀寡婦)가 된 김학성의 어머니는 셋방에서 품을 팔고 삯바느질을 하며 어렵게 살아가고 있었습니다. 비오는 어느 날 마루에 나와 삯바느질을 하고 있는데 처마에서 떨어지는 물방울 소리가 예사롭지 않았습니다. 보통 땅바닥에 떨어지는 소리와 사뭇 달랐습니다. 비가 그치고 그 곳을 파보았더니 큰 가마솥이 나왔고, 뚜껑을 여니 금은보화가 담겨져 있었습니다. 전쟁이나 재난이 많던 시대에 귀족이나 부자들이 피난을 떠나면서 땅속에 보화를 묻고 떠나는 관행이 있었습니다. 그 시대 유일한 보관 방법이었습니다. 주인이 살아 돌아오지 못할 경우 그것은 지하자원으로 남겨졌습니다.

놀란 김학성의 어머니는 이내 솥뚜껑을 닫고 다시 흙속에 묻었습니다. 그리고는 전세금을 빼내 다른 집으로 이사해 버렸습니다. 아무 일 없는 듯 삯바느질을 계속하여 두 아들을 가르쳤고 마침내 과거에 급제(及第)시켰습니다.

이후 김학성이 출세를 계속하는 가운데 어머니의 임종을 맞게 되었습니다. 어머니는 두 아들에게 머리맡에 불러 금은보화가 가득한 가마솥 이야기를 꺼냈습니다. '왜 그것을 취하지 않았습니까?' 묻는 아들에게 이렇게 대답했습니다. '그 돈으로 나는 고생하지 않아도 되고, 너희들은 호의호식(好衣好食)할 수도 있었다. 그렇게 하면 너희들은 어릴 때부터 안일한 습성이 몸에 배어 게을러지고, 공부에 힘쓰지도 않을 것이며, 더욱 인간성이 나빠질까봐 다시 묻어둔 것이다.'

우리 앞에는 보통 두 길이 있습니다. 하나는 쉬운 길이요, 다른 하나는 바른 길입니다. 쉬운 길은 대부분 빠른 길, 그릇된 길입니다. 반대로 바른 길은 대부분 더딘 길, 힘든 길입니다. 김학성의 어머니 앞에도 두 길이 있었습니다. 그 분은 쉬운 길보다 바른 길을 걸어갔습니다. 그 바른 길 끝에서 김학성이라는 탁월하고 존경받는 인물이 배출되었습니다.

생각해 보십시오. 손쉽게 돈 벌거나 출세하는 방법 가운데 바른 길이 몇이나 될까요? 우리 교회 젊은이들이 쉬운 길보다 바른 길을 걸었으면 좋겠습니다. 그 길 끝에서 잘 다듬어진 보석 같은 자신을 만날 수 있을 것입니다.

Chapter 4
지혜와 인생

# 연어의 귀소본능

•
•
•

　연어는 냉수성 어류로 우리나라의 동해안과 일본, 러시아, 미국을 중심한 북태평양에 서식하고 있습니다. 몸길이는 약 70cm 정도이며 세계적으로 7종이 있습니다. 연어는 본래 민물인 강줄기 상류에서 태어납니다. 그의 어미가 그 곳에 알을 낳기 때문입니다. 어느 정도 성장한 연어새끼는 곧 강줄기를 따라 하류로 이동하게 됩니다.

　1년 정도의 긴 강물여행을 마친 연어는 마침내 큰 바다에 도달하게 되고 숱한 어류들과 함께 본격적인 삶을 시작합니다. 짠물을 마시고 바다를 휘저으며 3~4년 정도 지낸 연어는 산란기가 되면 바다를 떠나게 됩니다. 그가 본래 태어났던 바로 그 강줄기 고향을 찾아 알을 낳는 본성이 있기 때문입니다. 이것을 연어의 '귀소본능(歸巢本能)' 혹은 '회귀본능(回歸本能)' 이라 합니다. 연어는 귀소본능이 그 어떤 동물보다 강하다고 합니다.

　어떤 글을 읽어보니 이런 내용이 있었습니다. 어류학자 한 사람이 미국의 미시시피 강으로 알을 낳으러 오는 연어를 잡아다가 나이아가라 폭포 위쪽에 산란하도록 했습니다. 어류학자의 관심은 그것들이 나이아가라 폭포 쪽으로 다시 거슬러 오는가 하는 것을 알아보기 위함이었

습니다. 몇 년 후 연어들이 폭포 밑에 나타났습니다. 그리고는 거대한 나이아가라 폭포를 향해 뛰어 오르기 시작했습니다. 수십 번, 수백 번 포기하지 않고 폭포를 향해 솟아올랐습니다. 폭포 위쪽에 있는 고향을 찾아 산란하려는 귀소본능을 확인할 수 있었습니다.

대다수의 연어들은 긴 강줄기를 거슬러 태어난 고향에 오기까지 수백 km를 여행합니다. 그러는 동안 돌과 바위에 몸을 상합니다. 수백 번, 수천 번 헤아릴 수 없을 정도로 점프합니다. 주둥이가 찢어지고 아가미가 터지고 온 몸이 상처투성이라 할지라도 포기하지 않습니다. 마침내 고향에 도착합니다. 그 곳에 알을 낳고 거기서 죽어 일생을 마칩니다.

한가위 추석을 맞았습니다. 모두들 고향을 그리워하고 고향을 찾고 있습니다. 고향과 조상 산소를 찾으며 하늘본향을 생각해 보면 좋겠습니다. 몸이 터지고 아가미가 부서져도 본향을 찾아 가려는 연어를 생각해 보았으면 좋겠습니다. 세상이 기름지고 풍요하다 할지라도 세상에 머무르려는 마음보다 하늘본향을 향한 귀소본능을 일깨웠으면 좋겠습니다. 우리가 영원히 살 곳은 그 곳이기 때문입니다.

Chapter 5
지혜와 인생

# 황금의 손

- 
- 
- 

　그리스 로마신화에 미다스(Midas) 왕 이야기가 나옵니다. 그는 기원전 8세기 경 소아시아 프리기아의 왕입니다. 어느 날 미다스는 신하들이 데려온 실레노스란 사람을 잘 보살펴 주었습니다. 그는 술의 신 디오니소스의 스승이요, 양부(養父)였습니다. 이 사실을 알게 된 디오니소스는 미다스에게 은혜를 감사하며 소원을 한 가지 말하면 무엇이든 들어주겠다고 합니다. 특히 황금에 관심이 많았던 미다스는 자신이 만지는 무엇이든 황금이 되면 좋겠다고 했습니다. 디오니소스는 그가 좀 더 현명한 것을 구하면 좋았을 텐데 하는 아쉬움과 함께 그 소원을 들어주었습니다.

　이제 미다스는 황금의 손을 가지게 되었습니다. 크게 기뻐하며 궁전으로 돌아가는 길에 그 능력을 시험해 보았습니다. 나무 가지 하나를 꺾자 그것은 곧 황금 가지로 변했습니다. 자신의 눈을 의심할 만큼 놀라운 능력이었습니다. 이번에는 돌을 들어 보았습니다. 그것도 이내 황금으로 변했습니다. 궁전에 돌아온 미다스는 정원으로 갔습니다. 그의 손길이 스치는 순간 모든 나무와 꽃들이 한 순간에 변하여 황금정원이 되었습니다. 이번에는 궁전의 기둥에 손을 댔습니다. 책상과 의자, 가구마다 손을 댔습니다. 황금궁전이 되었습니다. 그는 너무 기쁘고 좋았습니다.

한참을 뛰어다니다 보니 배가 고팠습니다. 곧 신하들에 의해 풍성한 음식이 준비되었습니다. 숟가락과 나이프를 집어 들었습니다. 거기까진 좋았습니다. 그러나 그가 빵을 집어든 순간 빵은 이미 빵이 아니었습니다. 고기 덩어리도 사과도 마찬가지였습니다. 그는 배가 고팠지만 아무것도 입에 넣을 수 없었습니다. 물 컵을 드는 순간.... 역시 한 모금의 물도 마실 수 없었습니다. 마침 외동 딸 오렐리아 공주가 돌아왔습니다. 아빠 하며 달려오는 공주를 자신도 모르게 품에 안자마자 황금 상(像)이 되고 말았습니다.

미다스는 그 자리에서 어리석은 자신을 저주하며 통곡했습니다. 황금 손이 축복이 아니라 저주임을 깨닫게 된 것입니다. 그는 디오니소스를 찾아갔습니다. 무릎을 꿇고 이 저주스런 황금 손으로부터 살려달라고 애원했습니다. 디오니소스는 미다스의 애원을 받아주었습니다. 팍톨로스 강에 몸을 담그고 어리석음과 욕망을 씻도록 가르쳐주었습니다. 그리고 강물을 떠다 공주에게 부으니 서서히 살아났습니다. 정원도, 식탁도 다시 살아났습니다. 이제 미다스의 손은 보통 손이 되었습니다. 그 후로 미다스는 부귀영화를 멀리하고 시골에 살았다고 합니다.

작가가 우리에게 주려는 교훈이 무엇일까요? 이 세상은 황금만능주의 물결이 홍수가 된지 오래입니다. 그리고 우리 주변에는 이 물결에 춤추며 제2의 미다스를 꿈꾸는 사람들이 적지 않습니다. '성경은 돈을 사랑함이 일만 악의 뿌리' (딤전 6:10)라 가르칩니다. 우리가 미다스의 전철(前哲)을 되풀이 하지 않았으면 좋겠습니다.

Chapter 6
지혜와 인생

# 근시안과 원시안

탈무드에 이런 이야기가 있습니다. 어떤 랍비가 당나귀와 수탉 한 마리 그리고 등불과 천막을 가지고 여행을 떠났습니다. 어느 날 광활한 광야를 가로질러 가는데 날은 이미 저물었고 머물다 갈 마을을 찾을 수 없었습니다. 하는 수 없이 들판에 천막을 치고 나귀와 수탉은 천막 귀퉁이에 묶어 두었습니다. 이 랍비가 수탉을 가지고 다니는 이유는 새벽 시간을 알려주기 때문입니다.

그날 밤 랍비는 천막 안에서 등불을 켜고 성경을 읽고 있었습니다. 그런데 갑자기 강한 바람이 불어 등잔이 넘어지면서 불이 꺼지고 말았습니다. 얼마 남지 않은 소중한 기름을 잃어 안타까웠으나 기도를 올린 다음 잠이 들었습니다. 랍비는 그 날 온종일 먼 거리를 여행했기 때문에 몹시 피곤하여 눕자마자 깊은 잠에 빠져들었습니다. 새벽에 수탉 소리를 듣지 못한 채 아침 늦게 일어난 랍비는 밖을 나와 보고는 소스라치게 놀랐습니다. 밤사이에 맹수들이 찾아와 나귀와 수탉을 물어뜯어 버린 것입니다.

안타까운 마음으로 천막을 주섬주섬 챙기며 주위를 살펴보니 자신이 바로 마을에서 멀리 떨어지지 않은 곳에 잤다는 사실을 알게 되었습니다. 그런데 마을에서 통곡 소리가 들여왔습니다. 마을에 내려가 보니 그야말로 아비규환의 모습이었습니다. 이유인즉 간밤에 떼강도가 몰려와 사람들을 죽이고 물건을 약탈해갔다는 것이었습니다.

그때 랍비는 외마디 탄성과 함께 무릎 꿇고 하나님께 감사 기도를 드렸습니다. 만일 어제 밤 등불이 켜져 있었다면 살인강도들의 표적이 되었을 것입니다. 만일 수탉이나 나귀가 떼강도의 인기척에 놀라 소리를 질러댔다면 역시 그들의 공격 목표가 되었을 것입니다. 그렇다면 그는 어제 밤 살아남을 수 없었기 때문입니다. 바람으로 등불이 꺼지고, 졸지에 나귀와 수탉을 맹수에게 찢겨버린 변고(變故)가 오히려 자신의 생명을 지켜주는 축복의 단서(端緒)가 되었던 것입니다.

우리의 눈은 두 개가 있습니다. 근시안(近視眼)과 원시안(遠視眼)입니다. 인생의 시각도 이와 같습니다. 코앞에 벌어지는 일만 가지고 일희일비(一喜一悲)하는 근시안적 인생들이 있습니다. 한편으로는 모든 인생여정이 하나님의 섭리 안에 있음을 생각하며 행, 불행 간 모든 일들이 결국 우리에게 유익하다는 원시안적 인생들이 있습니다.

새해 봉사자를 오늘 마감합니다. 당장 귀찮고 힘들다고만 생각하는 사람들이 있는 반면, 멀리 하늘나라의 상을 내다보며 기회로 삼는 분들이 있습니다. 그대 영안(靈眼)은 근시안입니까? 원시안입니까?

Chapter 7
지혜와 인생

# 개 버릇 남 못준다

- 
- 
- 

저명한 저널리스트 레일라 버그(Leila Berg)는 〈인간 본성을 다스리는 18가지 철학적 우화〉란 책을 써 유명세를 탔습니다. 각국의 18가지 우화를 소개하고 있는데 그 중 스칸디나비아의 〈언제나 말다툼하는 여인〉 이야기가 있습니다. 줄거리는 다음과 같습니다.

남편은 성품이 좋고 원만했는데 그의 아내는 언제나 다투기만 하고 삐딱한 여자였습니다. 다른 집에서 창문을 열면 닫고 닫으면 열었습니다. 언제나 다른 사람과 반대로만 했습니다. 닭을 보고도 오리라고 우기는 여자였습니다.

하루는 그 남편과 아내가 옥수수 밭을 돌아보려고 다리를 건너다가 남편이 말했습니다. '옥수수가 다 영글어 가는구먼. 화요일이면 다 영글겠네.' 그러자 아내가 말했습니다. '아니에요. 월요일이면 다 영글어요.' '그래, 월요일에 다 영글겠지. 그러면 우리 월요일에 존과 에릭의 도움을 받아 추수합시다.' '아니에요. 제임스와 로버트를 불러야 돼요.' '그럽시다. 제임스와 로버트의 도움을 받읍시다. 그러면 월요일 7시에 합시다.' '아니에요. 6시에 해요. 6시.' '그러면 6시에 합시다. 월요일에 날씨가 좋을 거요.' '아니에요. 비가 쏟아지고 날씨가 나쁠 거예요.'

그 말에 남편이 화가 나서 말했습니다. '비가 오든 안 오든, 제임스든

존이든 상관없이 월요일 아침 6시에 큰 낫으로 우리 옥수수를 추수하는 거요.' 아내가 큰 소리로 대꾸했습니다. '아니에요. 낫으로 하지 말고 가위로 해요. 큰 가위로.' '아니! 옥수수를 어떻게 가위로 잘라? 큰 낫으로 잘라야지.' '아니에요. 큰 가위로 해요. 큰 가위!' '그건 안 돼. 낫으로 해야 돼!' '아니에요. 큰 가위로 해요. 큰 가위로!' 아내도 너무 화가 나서 앞을 잘 바라보지 않고 가다가 그만 강물에 빠지고 말았습니다.

물속에 잠겼다가 잠시 떠올랐으면 '사람 살려!' 라고 해야 되는데 그 아내는 '큰 가위!' 하고 소리쳤습니다. 그러자 남편은 '큰 낫!' 하고 외쳤습니다. 다시 물속에 잠겼다가 떠오른 아내가 소리쳤습니다. 가위! 낫! 가위! 낫! 몇 번 물에 잠겼다 떠올랐다 하던 그의 아내는 입속으로 물이 들어와 더 이상 말을 할 수 없게 되자 손만 번쩍 치켜 올려 가위질을 했습니다. 그러다 나중에는 손도 올라오지 않았습니다. 남편이 '아이고, 저 못 말리는 여자. 저 삐딱한 여자.' 하며 발을 굴렀습니다.

남편이 친구들을 불러서 아내를 찾기 위해 강 하류로 내려갔습니다. 그런데 아무리 찾아도 아내가 보이지 않았습니다. '아이고, 내가 실수를 했구나. 아내는 분명히 상류로 거슬러 올라가 있을 거야.' 남편이 친구들과 함께 강을 거슬러 올라가 보니 거기에 죽은 아내가 있더랍니다.

개 버릇 남 못준다는 말이 있습니다. 한번 몸에 밴 나쁜 습성은 고치기 어렵다는 뜻입니다. 이 이야기가 바로 그 의미를 전하고 있습니다. 비딱한 기질을 바로 잡는 것은 낙타가 바늘귀로 들어가는 만큼이나 어려운 일입니다. 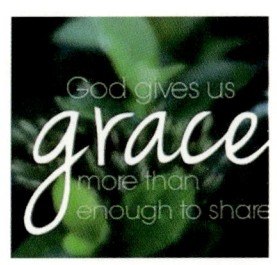 그러나 하나님의 은혜는 가능하게 합니다. 오직 은혜만이 그 일을 가능하게 합니다. 오늘도 그 분의 은혜를 사모합니다.

Chapter 8
지혜와 인생

# 남편과 애완견

- 
- 
- 

　미국 매사추세츠 주에서 있었던 일입니다. 바닷가를 거닐고 있던 어떤 사람이 바다에 빠지고 말았습니다. 헤엄을 칠 수 없었던 그는 있는 힘껏 살려달라고 외쳤습니다. 그를 구할 수 있는 사람은 가까이서 일광욕을 즐기고 있던 젊은이 한 사람뿐이었습니다. 그런데 그 젊은이는 구조를 외면한 채 일광욕만을 즐겼습니다. 오일을 바르고 피부를 곱게 태우는 중인데 자신의 피부에 문제가 생긴다는 생각 때문이었습니다.

　바다에 빠진 사람은 결국 죽고 말았습니다. 이 사실을 안 익사자의 가족들은 죽어가는 사람을 보고도 무관심했던 젊은이를 상대로 소송을 제기했습니다. 소송의 결과는 그 젊은이에게 법적 책임을 물을 수 없다는 것이었습니다. 말하자면 무죄였습니다.

　한 여성이 남편의 실종을 신고하기 위해 경찰서를 찾았습니다. 경찰관은 남편의 신상에 관해 물었습니다. 남편의 키가 얼마나 되죠? 아마 170cm는 넘을 겁니다. 체중은요? 잘 모르지만 70kg은 넘을 것 같아요. 어떤 옷을 입고 있었습니까? 점퍼 차림이었던 것 같기도 하고…. 아니 운동복을 입었든가 잘 모르겠네요. 특별히 뭐 가지고 나간 건 있습니까? 집에서 기르던 개를 끌고 나갔습니다. 어떤 종류의 개지요? 그 여성은 단숨에 대답했습니다. 족보 있는 흰색 독일 셰퍼드인데요. 키는 딱 여섯 뼘, 체중은 18kg, 갈색 목걸이에 주머니가 달린 빨간색 티셔츠를 입었습니다. 꼬리는 흰색이고 앞발 오른쪽에 검은 반점이 하나 있어요.

첫 번째 이야기에서 무관심의 극치를 봅니다. 두 번째 이야기에서는 빗나간 관심의 극치를 봅니다. 둘 다 현대인의 대표적 자화상입니다. 오해하지 마십시오. 애완견에 대한 관심이 나쁘다는 것이 아닙니다. 다이어트, 피부, 연예인, 드라마, 야구, 축구, 등산에 대한 관심이 잘못되었다는 것도 아닙니다. 제가 말하고자 하는 바는 적어도 인간으로서 애완견보다는 남편에게 더 관심이 있어야 한다는 것입니다. 나아가 크리스천은 크리스천다운 일에 더 큰 관심을 가져야 한다는 것입니다.

'관심'의 사전적 의미는 '어떤 것에 마음이 끌려 주의를 기울인다.' 입니다. 그러기에 관심은 곧 사랑이라는 말로 대신하기도 합니다. 사람은 자신이 관심가진 일에 시간을 내고, 돈을 쓰고, 애정을 쏟아 붓습니다. 따라서 그 사람의 관심거리를 보면 그가 어떤 사람인가를 알 수 있다는 말은 사실입니다.

우리교회는 다음 주에 모처럼 귀한 강사를 초빙하여 부흥집회 겸 제3차 특별새벽기도회를 계획하고 있습니다. 그대, 이 일에 얼마나 관심가지고 있으신지요? 갑자기 유은성 씨가 부른 〈하나님 아버지의 마음〉 이란 노래가 귓가에 들려옵니다.

Chapter 9
지혜와 인생

# 21C 개미와 베짱이

- 
- 
- 

　어린 시절 자라나면서 한글이든 영문이든 〈개미와 베짱이 이야기〉를 읽지 않은 분은 없을 것입니다. 설령 읽지 아니하였다 할지라도 누구나 한번 쯤 들어 보았을 것입니다. 부지런한 개미는 무더운 여름날에도 열심히 땀 흘려 일을 하였습니다. 그 결과 많은 양식을 모을 수 있었습니다. 추운 겨울이 다가왔지만 양식을 많이 준비한 덕택에 배부르고 행복한 겨울을 보낼 수 있었습니다. 그러나 베짱이는 여름 내내 시원한 나무 그늘에서 노래만 부르면서 지냈습니다. 그에게 추운 겨울이 찾아왔고, 베짱이는 먹을 양식이 없어 개미에게로 가서 구걸을 하며 불쌍히 살게 되었다는 이야기입니다.

　그런데 이 이야기를 패러디한 '21C개미와 베짱이 이야기'가 있는데 그 내용은 이렇습니다. 개미는 무더운 여름동안에 너무 일을 해서 허리 디스크에 걸렸습니다. 상태가 심각했습니다. 치료하기 위해 전국 유명한 의사를 다 찾아가 보았습니다. 또한 디스크에 좋다고 하는 약은 다 먹어 보는 등 온갖 노력을 다하였지만 소용이 없었습니다. 오히려 상태는 더 안 좋아지고 그동안 모아 놓았던 재산만 다 허비하고 말았습니다.

　이처럼 절망과 실의에 빠져 있던 개미에게 친구가 찾아와 복음을 전합니다. 개미는 예수를 믿고 교회에 다니기 시작하면서 그의 삶이 달라졌습니다. 기도하는 가운데 하나님의 은혜로 허리디스크도 회복되었습니다.

이제는 자신의 양식만을 위해 일하지 않았습니다. 추운 겨울임에도 배고프고 힘들어 하는 자들을 위해 베풀고 봉사하는 삶을 살게 되었습니다.

반면에 시원한 나무 그늘에서 노래를 부르면서 여름을 지낸 베짱이는 그 해 가을에 음반을 내게 되었습니다. 그런데 이것이 초대박이 났습니다. 앨범이 천만 장 이상 팔렸고 미국 빌보드차트, 일본 오리콘차트, 영국 UK차트 등에서 차례로 1위에 오르면서 세계적 스타가 되었습니다. 물론 인기와 부와 명성을 얻게 되었습니다. 그러나 그 화려함 뒤에 그의 마음은 공허하기 짝이 없었습니다.

베짱이는 공허함으로 인해 우울증에 시달리게 되었고 술과 마약에도 손대기 시작했습니다. 마침내 중독되어 몸과 마음이 황폐해졌습니다. 부와 명성도 점점 잃어 버렸습니다. 결국 그는 자살까지 생각하게 되었습니다. 그러던 중 베짱이는 옛 친구 개미에 대한 소식을 듣게 되었습니다. 베짱이는 개미를 찾아갔습니다. 이후로 개미의 전도를 통해 복음을 듣고 예수를 믿게 되었습니다. 몸과 마음이 회복되었고 이젠 평안과 행복을 누리며 살고 있다는 이야기입니다.

어쩌면 우리가 개미인지 모르겠습니다. 혹은 어쩌면 베짱이인지 모르겠습니다. 그러나 중요한 것은 개미든 베짱이든 예수님 안에서 새  삶이 시작된다는 것입니다. 4월입니다. 목련, 벚꽃, 개나리에 이어 이젠 유채가 준비 중이고 철쭉도 좀 있으면 터뜨릴 기세입니다. 꽃은 달라도 모두들 봄기운에 견딜 수 없이 꽃망울을 터뜨리고 있습니다. 사람은 달라도 모두들 하나님은혜 안에서 마찬가지가 아닐까요?

Chapter 10
지혜와 인생

# 두 농부이야기

**이야기 1.**

　외딴 곳에 한 농부 살았습니다. 그는 하나님께 일 년만 자신이 원하는 대로 날씨를 바꿔달라고 기도하였습니다. 자주 날씨 탓에 피해를 보았기 때문입니다. 하나님께서는 그렇게 하도록 허락해 주셨습니다. 농부는 농사를 지으며 때때로 기도했습니다. '하나님, 지금은 비를 주세요.' '하나님, 지금은 햇빛을 주세요.' '하나님, 지금은 바람을 주세요.' 가을이 되자 들판의 곡식은 풍요로웠습니다.

　농부는 신이 나서 탈곡(脫穀)을 하였습니다. 그런데 이게 웬 일입니까? 막상 탈곡기에 넣어 추수를 해보니 겉만 아름다웠지 알곡이 거의 없었습니다. '아니 하나님, 왜 알곡이 하나도 없습니까?' 농부는 의아(疑訝)해서 하나님께 물었습니다. 하나님께서 대답하셨습니다. '나는 네가 원하는 대로 다 주었다. 비를 원할 때 비를, 햇빛을 원할 때 햇빛을, 바람을 원할 때 바람을 주었다. 그런데 네가 언제 나에게 알곡을 달라고 하였느냐? 너는 알곡 달라는 말은 한 마디도 하지 않았다.'

이야기 2.

뒷산을 배경으로 펼쳐 있는 과수원을 경영하는 한 농부가 있었습니다. 사과나무 천 그루 넘는 큰 과수원이었습니다. 사과가 익어 추수를 앞두고 있을 무렵 문제가 생겼습니다. 이상한 벌레들이 생기더니 사과를 파먹기 시작하였습니다. 잡아도, 잡아도 끝이 없었습니다. 약을 치고 쳐도 날마다 기승을 부리는 것이었습니다.

더 이상 방법이 없었습니다. 농부는 두 손 들고 하나님께 기도할 수 밖에 없었습니다. 새벽마다 기도하기 시작했습니다. 수요일마다 금요일마다 기도를 했습니다. 얼마 후 아침에 이상한 소리에 방문을 열고 과수원에 나가 보았습니다. 이게 웬일입니까? 수천 마리나 되는 새떼들이 날아오더니 벌레들을 몽땅 잡아먹어 버렸습니다. 정말 순식간에 생긴 일이었습니다.

두 농부이야기를 읽으며 성경말씀 한 구절이 생각납니다. '너희가 얻지 못함은 구하지 아니하기 때문이요' (야고보 4:2) 현재 우리에게 필요한 것은 첨단 기술이나 장비, 새로운 방법이나 프로그램이 아닙니다. 무엇보다 기도가 필요합니다. 설교의 대가 스펄전 목사님은 말했습니다. '그대가 기도하지 않고 성공했다면 성공한 그것 때문에 망한다.' 새해 우리 교회의 핵심어(Key Word)는 '기도' 입니다. 기도합시다. 기도합시다. 함께 기도합시다!!

Chapter 11
지혜와 인생

# 인생시계

　하나님이 소를 만드신 다음 60년만 살도록 하셨습니다. 단, 사람들을 위해서 평생 일을 해야 한다고 조건을 붙이셨습니다. 그러자 소가 30년은 버리고 30년만 살겠다고 했습니다. 하나님이 개를 만드신 뒤 30년만 살도록 하라고 하셨고 단, 사람들을 위해서 평생 집을 지켜야 한다고 하셨습니다. 그러자 개도 15년은 버리고 15년만 살겠노라고 했습니다. 이번에는 원숭이를 만드시고 30년만 살아야 한다고 하시면서 사람들을 위해서 평생 재롱을 떨어야 한다고 하셨습니다. 그러자 원숭이도 15년은 버리고 15년만 살겠노라고 했습니다.

　마지막으로 하나님은 사람을 만드시고 25년만 살아야 한다. 대신 너한테는 생각할 수 있는 머리를 주겠다고 하셨습니다. 그러자 사람은 더 오래 살고 싶어 부탁하기를 소가 버린 30년, 개가 버린 15년, 원숭이가 버린 15년을 다 달라고 했습니다. 하나님은 욕심이 지나치다 생각했지만 허락하셨습니다.

　이렇게 하여 사람은 25세까지는 그냥저냥 살다가 그 이후 소가 버린 30년을 사는 동안에 소처럼 죽도록 일만 하고, 이 후에는 개가 버린 15년을 살며 개처럼 집을 지키게 되었으며, 그 이후는 원숭이가 버린 15년을 살며 손자손녀들 앞에서 원숭이처럼 재롱을 떨면서 살아간다는 것입니다.

　누가 지어낸 이야기지만 이야기가 그럴듯합니다. 청소년 시절까지 푸른 꿈을 가지고 시작하지만 사회에 첫발을 내 딛자마자 소처럼 일한 후에는 개처럼 집을 지키다 원숭이처럼 재롱떨고 간다는 말에 공감합니다.

수명을 80세로 보고 하루일과를 비교하여 인생시계를 계산해보았습니다.

10세 — 새벽 03시 00분 — 아직도 어둔 새벽 시간
20세 — 아침 06시 00분 — 아침과 출근 준비하는 시간
25세 — 오전 07시 44분 — 출근하는 시간
30세 — 오전 09시 12분 — 오전 근무 하는 시간
35세 — 오전 10시 56분 — 오전 티 타임하는 시간
40세 — 정오 12시 00분 — 점심식사 하는 시간
45세 — 오후 01시 44분 — 오후 근무하는 시간
50세 — 오후 03시 12분 — 커피 한 잔하는 시간
55세 — 저녁 04시 56분 — 내일 보고서를 준비하는 시간
60세 — 저녁 06시 00분 — 석양과 함께 퇴근하는 시간
65세 — 저녁 07시 24분 — 가족들과 저녁 먹는 시간
70세 — 밤   09시 12분 — 잠시 TV를 시청하는 시간
75세 — 밤   10시 51분 — 잠자리에 드는 시간
80세 — 밤   12시 00분 — 깊은 잠에 빠져든 시간

우리인생을 보다 의미 있게 하도록 한 가지 질문해 보겠습니다. 그대는 지금 몇 시쯤 살고 있습니까? 다른 말로 묻는다면 그대는 잠들기까지 몇 시간이나 남았습니까? 그대가 청년(靑年)이라면 뜻 깊게 살아가면 좋겠습니다. 그대가 중년(中年)을 넘어섰다면 남은 날을 계수하는 지혜를 가졌으면 좋겠습니다.

Chapter 12
지혜와 인생

# 더 이상 의심을 품지 말게

　　유대인 중에 하나님을 신실하게 믿는 요세프라는 사람이 있었습니다. 그는 세상에서 자주 일어나는 일들에 대해 의문으로 갈등을 겪고 있었습니다. 예컨대 나쁜 사람이 잘되고 착한 사람이 잘못되는 경우를 수없이 보아왔습니다. 세상을 살다보니 하나님이 계시다면 어떻게 그런 일이 일어날 수 있을까 하는 의문들입니다. 그는 이 일로 하나님께 기도했지만 시원스러운 답을 얻지 못했습니다.

　　그러던 어느 날 엘리야 선지자를 만나 동행하게 되었습니다. 얼마를 가다가 날이 저물어 어느 욕심쟁이 부자 집에 하룻밤을 묵게 되었습니다. 부자는 두 행인에게 빵 한조각 조차 대접하지 않았습니다. 두 사람은 몹시 배가 고팠지만 어쩔 수 없이 그날 밤을 그대로 지냈습니다. 다음날 이른 새벽 두 사람이 조용히 떠나려고 집을 나섰을 때 그 집 앞마당에 큰 나무가 뿌리 채 뽑혀 있었습니다. 선지자는 그 나무를 보자 얼른 일으켜 세워 제 자리에 심어 주었습니다.

　　여행은 계속되었고 다시 날이 저물어 이번엔 가난한 부부의 집에 하룻밤을 묵게 되었습니다. 부부는 두 사람을 정성스럽게 대접했습니다. 이튿날 아침 선지자가 감사인사를 드리고 떠날 때 갑자기 그 집의 소가 죽었습니다. 부부의 유일한 재산은 소 한 마리였습니다. 그럼에도 선지자는 못 본채 냉정히 그 집을 떠났습니다.

요세프는 엘리야 선지자의 행동을 이해할 수 없어 따지듯 물었습니다. '선지자여 당신은 어찌하여 착하고 가난한 사람의 소가 죽었는데도 냉정히 돌아서고, 마음씨 고약한 부자를 위해서는 좋은 일을 하십니까?'

한참동안이나 침묵하던 선지자가 입을 열었습니다. '우리가 떠날 때 착하고 가난한 부부의 소가 죽은 것을 자네는 기억하는가? 그 날은 그 집 아내가 죽기로 되어있었던 날인데 내가 하나님께 간절히 부탁해서 부인 대신 소를 죽게 했다네. 욕심쟁이 부자의 집 마당에 쓰러진 나무를 다시 심은 것은 나무가 뽑힌 자리에 황금덩이가 있어 부자가 발견하지 못하도록 나무를 다시 세웠다네.'

거기까지 말을 마친 다음 잠시 하늘을 올려보던 엘리야 선지자의 말이 이어졌습니다. '요세프, 나와 동행하며 어떤 일을 보더라도 더 이상 의심을 품지 말게. 아무도 하나님의 섭리(攝理)을 이해할 수 없다네.'

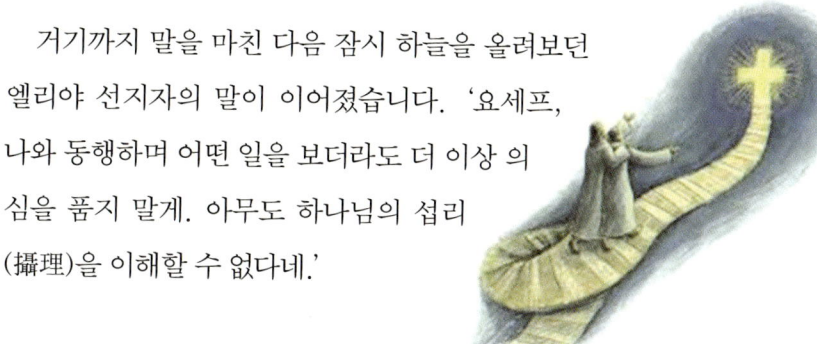

## 할아버지와 식탁 벨

■
초판 1쇄 발행 / 2018년 10월 15일
초판 2쇄 발행 / 2019년  7월  1일

■
**지은이** / 김 현 규
**펴낸이** / 김 수 관
**펴낸곳** / 도서출판 영문
122-070 서울시 은평구 역말로 53(역촌동)
☏ (02) 357-8585
FAX • (02) 382-4411
E-mail • kskym49@hanmail.net

■
**출판등록번호** / 제 03-01016호
**출판등록일** / 1997. 7. 24

파본은 교환해 드립니다.
본 출판물은 저작권법으로 보호 받는
저작물이므로 출판사나 저자의 허락없이
무단 전재나 무단 복제를 할 수 없습니다.

정가 12,000원
ISBN 978-89-8487-339-1  03230
Printed in Korea